辽宁社会科学院 2023 年度
重点立项课题研究成果

# 诗意生命与民族精魂的歌者
## ——萨仁图娅研究

叶立群◎著

沈阳出版发行集团

沈阳出版社

## 图书在版编目（CIP）数据

诗意生命与民族精魂的歌者：萨仁图娅研究 / 叶立
群著 . -- 沈阳：沈阳出版社，2023.10
ISBN 978-7-5716-3327-1

Ⅰ.①诗… Ⅱ.①叶… Ⅲ.①萨仁图娅—人物研究②
萨仁图娅—诗歌研究Ⅳ.①K825.6②I207.22

中国国家版本馆 CIP 数据核字（2023）第138338号

---

出版发行：沈阳出版发行集团 | 沈阳出版社
　　　　　（地址：沈阳市沈河区南翰林路10号　邮编：110011）
网　　　址：http://www.sycbs.com
印　　　刷：辽宁泰阳广告彩色印刷有限公司
幅面尺寸：170mm×240mm
印　　　张：17.5
字　　　数：260千字
出版时间：2023年11月第1版
印刷时间：2023年11月第1次印刷
责任编辑：沈晓辉　郑　丽
封面设计：杨　雪
版式设计：冷志敏
责任校对：张　晶
责任监印：杨　旭

---

书　　　号：ISBN 978-7-5716-3327-1
定　　　价：78.00元

联系电话：024-24112447　024-62564922
E － mail：sy24112447@163.com

本书若有印装质量问题，影响阅读，请与出版社联系调换。

# 序

## 萨仁图娅研究的重要成果

彭定安

大约两年前，萨仁图娅赠我她的一批创作和研究成果，我逐一浏览各种作品和著述的概貌，心中立即闪过一个概念：萨仁图娅已经成为一位学者了。不过，她的所有著述，虽属学术著作，但有的以诗的形式呈现，有的不是诗作，却也具有诗性。这是诗人的学术著述。当然，这只是一种"电光一闪"的意念，未加细究，"面貌模糊"。今读叶立群先生的著作《诗意生命与民族精魂的歌者——萨仁图娅研究》，深感"得余心哉"——它全面、系统、连贯地阐述并论证了作为民族诗人和诗人—学者的萨仁图娅的成长历程、个性特征及其诗歌创作、报告文学创作、传记文学创作、随笔创作和学术研究的突出成就。

这本第一部全面研究萨仁图娅的学术专著，对研究对象作了全面、系统、细致的诠释和论述。既具有一贯性、系统性，又具有分段立论的阶段性和理论性，读来既让人了解研究对象的思想与创作的发展历程，又体察到她的成长、进展、成就与成功的客观与主观的渊源、条件及其个性所在。我一向主张文学具有"五性"，即现实性、历史性、时代性、人民性和文化秉性。我感到叶立群在这部论著中，在对民族诗人—学者萨仁图娅的研究与论述中，在这"五性"方面，都作了比较深入和贴切的论证。他细致地论述了萨仁图娅成长、发展、成就的地理、历史、时代、民族与文化的背景，也切实且贴切地论证了这些客观条件如何塑造了萨仁图娅。同时，分析和论述了萨仁图娅如何顺应而又抗衡、接受而又"违抗"，充分发挥自身的能动性、主动性、奋进性，在这种历史、时代、环境与文化潮流和语境中，攻坚克难，沉着奋进，刻苦努力，坚持不懈，终竟一步步——可谓是一步一个深深脚印地，走向成功。

在这种论述中，作者完成了对民族诗人萨仁图娅的诠释与论证，也完成了对学者萨仁图娅的诠释与论证。尤其值得赞许的是，他还论证了民族诗人萨仁图娅是怎样完成和实现从诗人到学者的华丽转身的。而在这种论述中，一直体现着时代性、民族性、地域性和诗人的个性的脉络与特征。

应该特别指出的是，这部研究著作具有显著的理论性。对于诗人萨仁图娅的论述，在理论上，论述与诠释了她成长的地理、民族、文化以至家庭的背景、条件与作用，特别突出了家族文化、地域文化、时代文化的灌输、熏染、陶冶及其文化—心灵的"塑形"作用与意义。其陈述、诠释、论证均使用了一种既表意又深入腠理、蕴含着理论意蕴的语言来实现。其中，对萨仁图娅的总体囊括为"诗意生命与民族精魂的歌者"；对诗人这一角色的确立，则以"本色是诗人"命名；对为蒙古族写史，为民族英雄成吉思汗和尹湛纳希立传，则赞誉为"民族精魂的歌者"；对其报告文学、传记文学创作的总括则为"为大时代与生民立传"。所有这些命名，均以准确的、蕴含理性和思想的话语进行标识。

萨仁图娅在上述创作领域之外，还有诗歌创作理论的著述，还有随笔、文艺评论等方面的创作和著作，显示了她多方面的才能和成绩。本书在这些方面，也都作了事实的梳理和理论的评述。

作为蒙古族女诗人—学者，萨仁图娅还曾担任省民委领导、省人大常委等职务，她从事的文化—学术活动、国内国际文化交流以及其他诸多社会活动，是多方面的。在社会活动方面，她组织、领导和参与了众多国内国际的文化研讨、评论、交流活动，她以蒙古族的身份，在这些活动中发挥了特殊的作用，产生了文化效应，这是她在创作和研究之外的工作和奉献。本书对这方面的事迹，也做了陈述和评论。这对于认识和理解萨仁图娅是有益的。

所以，以"诗意生命与民族精魂的歌者"为萨仁图娅的标识和总体概括，是恰当和意蕴深致的。

依据以上所述，我以为，将这本研究论著视为萨仁图娅评传，亦未为不可。

同样重要的是，通过本书关于辽西和朝阳地区环境与蒙汉文化对萨仁图娅的养育，以及这种"和合文化"的意义与作用的描写与论述，不仅使人们进一步理解其研究对象，而且也具体地了解到它的性质、质地、特征和魅力。这是通过个体而及于地域与地域文化的研究与诠释。这是本书具有的延伸、拓展和深化的价值和意义。

从研究论著的学术秉性来看，这部研究论著写得条理分明、事实充足，亦具理论风范。其行文事实详备、条理分明、事理清晰，语言则具有理论特征，既有清晰的陈述，又具思辨和理论的质素，堪称理论著作。我以为，它为文学—学术研究和作家论以至学者评述，提供了一个参考范本。

对这部萨仁图娅研究专著通读一过，我为她的成长与成就感到高兴和敬佩；也为叶立群先生的研究成就感到高兴和敬佩。写此读后感，以表谢忱和敬意，不足为序。

# 目录

Contents

# 第一章
## 生于辽西　根在草原

如果我们需要对萨仁图娅所创造的文学世界做一个总体勾勒，那么如下的表述应该是恰当的：辽西厚重的历史文化为她走上文学之路提供了丰厚的文化资源和重要的精神支撑，辽阔壮美的草原是她的精神家园和灵魂栖居地，她以书写家乡和民族为重要使命，在不断开掘和升华民族精神、表现时代精神的文学之旅中，创造了一个丰赡、深邃、温润的文学世界。

在她的代表作之一——传记文学《尹湛纳希传》献辞中，萨仁图娅写道：

> 谨以此书献给——出现一代天骄成吉思汗，也出现文学巨匠尹湛纳希——我至尊的蒙古民族；哺育尹湛纳希及其父兄，也托举中华文明曙光——我至爱的故乡热土。

故土辽西与民族根脉所在的草原，是萨仁图娅文学活动和生命活动的精神之源。

# 第一节
## 出生地：地球上第一只鸟起飞的地方

1949年9月20日夜，月光皎洁，一个女婴在辽西朝阳北票一个叫尖山沟湖的小山村呱呱坠地。她，就是日后享誉国内外诗坛的诗人、作家、文化学者萨仁图娅。因受月夜情境的感染，博古通今的祖母给她取的小名为"月华"，后取汉名也为"月华"。萨仁图娅，在蒙古语中也是月亮的光华的意思。她钟爱月亮的光华，喜爱月华的清亮、洁净、高远与深情。

萨仁图娅出生的小山村，当时隶属热河省北票县（今辽宁省北票市）第十六区（今上园镇）。后来，先后在此设朝阳寺公社、上园公社、上园乡、上园镇，这里及它所在的辽西，是一片古老而神奇的土地。

上园镇，是萨仁图娅生命的源头；辽西，是为萨仁图娅人生提供文化滋养的一方沃土，是她魂牵梦萦的地方以及文学书写的中心之一。

想要深入认识萨仁图娅，深刻理解萨仁图娅的价值和她的文学世界，了解和认识这片古老而神奇的土地，是必要且重要的。

# 一、中华龙鸟从这里起飞：北票上园镇

上园镇，位于北票市区南约35公里处，距朝阳市区约55公里。这里属丘陵地带，北濒大凌河，大凌河的一条支流穿境而过。小镇四季分明，气候宜人，青山巍巍，绿水环绕，生机盎然，人杰地灵。

上园是一个历史悠久的古镇。目前有据可查的是，辽曾将黔州盛吉县的治所设立在这里。据《二十四史全译·辽史》（第一册）记载："黔州，阜昌军。下，刺史。本汉辽西郡地。太祖平渤海，以所俘户居之，隶黑水河提辖司。安帝置州，析宜、霸二州汉户益之。初隶永兴宫，更隶中京，后置府，来属。统县一：盛吉县。太祖平渤海，俘兴州盛吉县民来居，因置县。"[①]从民国十九年（1930年）《朝阳县志》的相关记载可知，今朝阳地区的上园镇，应当就是辽代黔州盛吉县的治所。金朝初年，废除了黔州，在此设立了黔城镇，隶属于北京路兴中府兴中县。清顺治年间，有几位喇嘛在原黔城镇一带建立了颇具规模、远近闻名的朝阳寺。因此，从那时起，此地被称为朝阳寺。国民党统治时期，设有朝阳寺乡。1958年，设立了朝阳寺公社。1961年，为避免与朝阳市的谐音混淆，因境内有一个远近闻名的原为朝阳寺寺产的上菜园子，就将朝阳寺公社更名为上园公社。1984年，上园公社改为上园乡。1985年，设立上园镇。

上园镇，在历史上曾处于辽西的交通要道，是具有重要军事价值和连通功能的一方重镇。这里是兵家必争之地，元末明初之际，明朝大将徐达曾与元军在此激战。小镇交通、物流发达，商旅往来不绝，在多数时期，均保持着与外界的频繁交流。西汉时期，上园即位于连通当时的辽西郡治所与辽西都尉治所的"辽西道"上。辽代，上园是由中京道大定府去往辽

---

① 许嘉璐主编：《二十四史全译·辽史》（第一册），上海：汉语大词典出版社，2004年版，第329—330页。

阳府的必经之地。初建于20世纪20年代的锦承铁路穿境而过，并在此设立了停靠站。

尽管历经千年沧桑，久阅人间繁华，但在30年前，上园镇的知名度和影响力依然仅限于辽西地区。在省内、东北乃至更大的范围内，也只有与其有渊源的人，才知道这个有着厚重历史和独特魅力的小镇的存在。谁都没有想到的是，当历史时钟的指针指向1996年时，上园镇却因"一块石头"而走向了世界。1996年9月2日，中国地质博物馆代馆长季强博士在北京向新闻界宣布，在辽宁省北票市上园镇发现了世界上第一只长羽毛的恐龙——中华龙鸟化石。中华龙鸟的发现，可谓石破天惊，意义重大。这是一种体形很小的肉食性恐龙，体长约100厘米，高约40厘米，体重约3千克，全身披有片状羽毛，长约2.3厘米，宽约1.1厘米。研究人员欣喜地发现，龙鸟的前后肢已经开始分异，前肢变得更加短小，明显向翅膀转变。上述研究结论有力地证明，它们就是鸟类的始祖，鸟类是由恐龙演化而来

萨仁图娅在家乡的小山村

的。同样重要的是，这只中华龙鸟生存的年代，被科学家们确定为距今约1.25亿年。在中华龙鸟发现之前，科学界认为鸟类的始祖是德国始祖鸟。中华龙鸟生存的年代，比德国始祖鸟要早，是名副其实的世界上第一只鸟。

上园镇带给世人的惊喜并没有结束。1997年，中国科学家孙革在这里发现了地球上第一朵花——"辽宁古果"的化石。1998年11月，《科学》杂志刊发封面文章《追索最早的花——中国东北侏罗纪被子植物——古果》，正式向世界宣布了新的科学研究成果：在辽西上园镇发现的距今1.45亿年的被子植物——辽宁古果，是迄今发现唯一有确切证据的、世界上最早的花。一只鸟，一朵花，使上园镇声名鹊起，为世界所瞩目。这里也成为公认的辽宁最为古老的地区。

随之，以上园镇为中心，在北票市及周边地区，发现了更多门类众多的古生物化石，其中动物类化石有10类46属80多种，植物类化石有10类47属50多种，北票成为闻名天下的"世界化石宝库"。1998年，经国务院批准，以上园镇四合屯、尖山沟、黄半截沟为中心，划定了总面积约46平方公里的辽宁省北票鸟化石群国家级自然保护区，是辽宁省唯一的一个古生物国家级自然保护区。在保护区内，设有古生物化石真迹展馆和国内首家古生物化石博物馆。那些已在地下沉睡了亿万年的古生物化石，重新焕发了生命力，它们以自身特有的方式，向世人讲述着上园镇和北票的久远历史、厚重文化、独特生态和这里曾发生的故事。

古老而又不断焕发生机的上园镇，这里的山水和来自远古、延绵不绝的文化传统，养育和滋润了无数优秀的儿女。上园的女儿——萨仁图娅就是其中的杰出代表。

## 二、中国古代文明的重要源头：辽西

萨仁图娅的文学创作，有两个重要情结：一是具有浓郁的地域情结；

二是具有强烈的民族情结。在收入诗集《当暮色渐蓝》的诗歌《我——》中，她写道：

> 我属于马背上的民族　却在 / 庄稼人怀里吸足乳汁长成小树 / 我该是草原上的幼雏　是从 / 山区长出羽翎拉开拍打翅膀的序幕 / 当我沿着山岩沿着小路向上登攀 / 竟有那么些温热的大手托举挽扶 / 生命属于我　我的生命是由爱焙热 / 啊　我—— / 长在山区应担如山的重负 / 寻根马背该是图腾的脚步……

如果我们需要对萨仁图娅所创造的文学世界做一个总体勾勒，那么如下的表述应该是恰当的：辽西厚重的历史文化为她走上文学之路提供了丰厚的文化资源和重要的精神支撑，辽阔壮美的草原是她的精神家园和灵魂栖居地，她以书写家乡和民族为重要使命，在不断开掘和升华民族精神、表现时代精神的文学之旅中，创造了一个丰赡、深邃、温润的文学世界。

萨仁图娅出生和成长的辽西，是中华文明的起源地之一。现有研究表明，在距今5800年前后，在黄河流域、长江中下游地区和西辽河流域，几乎同时出现了文明起源的迹象。西辽河流域，是考古学上的辽西文化区的核心地带，也与人文地理学上的辽西区域的核心区大体重合。人文地理学的"辽西地域指燕山山地以北，西拉木伦河以南，医巫闾山以西和七老图山以东的区域。从现在行政区划看，它处于辽宁省西部朝阳、锦州、阜新和葫芦岛、内蒙古自治区东部赤峰市和河北省东北部承德市的三省交界处"[①]。

---

① 崔向东：《论辽西地区在中国历史上的地位》，《渤海大学学报》（哲学社会科学版），2014年第1期。

辽西曾发出照亮中华大地的第一道文明曙光。被誉为中国北方上古时代文明中心的红山文化，"将中华文明史提前了一千年"①。红山文化区和它的母体辽河流域，是东北地区汉文化的发源地，"这是历经数万年乃至数十万年的淘汰、选择，优胜劣汰，反复融汇，而积淀于西辽河与大辽河流域，最终汇聚于凌源牛河梁地区，迸发出的文明之光，为关东文化的形成揭开了序幕"②。远古与上古时期的辽西文化具有显著的先发性特征，其先进性在较长历史时期内明显超越辽南、辽东和辽北地区，在东北地区居于领先地位。较之辉煌灿烂的中原古文化，辽西这一时期的文化成就也毫不逊色，它"同华北平原联系与交流密切，故农耕文化发展过程中，最早吸取了中原农耕部落的较先进文化因素，且与中原文化发达地区保持相近发展水平，有时甚至领先一步。辽西地区较早出现的龙文化、玉文化和与此相关的巫文化，便是鲜明的标志"③。

辽西文化具有鲜明的民族性特征。辽西五千年的文明发展史，是一部汉人与少数民族共同创造的历史，这里既是诸多民族的起源地，也是中原汉族与北方东胡族系、东北肃慎族系、秽貊族系等迁徙驻足或长期聚居的重要地区。起源于辽西或在辽西迁徙流转或长期生活的主要族群、民族有近20个。在漫长的历史进程中，辽西成为少数民族异常活跃的舞台，他们在这里生息、争夺、迁徙，在创造本族文化的同时，也不断地改造着文化板块的结构，改变着其中的文化元素，使辽西成为少数民族特质不断凸显的文化区域。对辽西文化生态的形成产生较大影响的族群、少数民族主要有乌桓、鲜卑、契丹、蒙古等。他们与汉人一起，创造了独特而丰厚的文化成果。其中成就最为突出的是鲜卑政权和鲜卑化汉人政权主导下创造的

① 卜昭文，魏运亨，苗家生：《中华文明起源问题找到新线索》，《光明日报》，1986年7月25日。
② 李治亭：《关东文化》，沈阳：辽宁教育出版社，1998年版，第101页。
③ 彭定安：《论辽海文化》，《文化学刊》，2013年第3期。

"三燕"文化、契丹和辽政权主导下创造的契丹—辽文化、蒙古族人所创造的蒙古族文化。"三燕"文化中最值得称道的是精美的壁画、马具、金器和特色鲜明的文学。慕容鲜卑人在公元3—4世纪首创了以双马镫为代表的马具系统。在"三燕"时期的金器中，金步摇和金牌饰最具文化价值和艺术特色。"三燕"时期墓室壁画，是具有鲜明地域特色、民族特色和时代特色的艺术精品。"三燕"文学，著述和品类较多，且在反映民族生活和文化心理上，有着突出的特色。契丹—辽文化的重要成果，有与契丹民族的生产方式、生活方式、生活习俗、民族的文化性格有着密切关系的骑射文化，它们为中华文化发展注入了活力，增添了动力；有以义县奉国寺佛教造像、辽塔砖雕、辽墓石雕等为代表的雕塑，融汇了多种文化的精华，呈现出独特的艺术魅力；有以辽三彩为代表的陶瓷制品，其造型与纹饰均呈现浓郁的民族特色；有数量众多的辽代佛塔、佛殿和墓室建筑，是中国建筑艺术多元发展的产物；还有数量众多、别具特色的墓室壁画、宗教壁画，具有独特艺术风格和审美价值的诗歌等。

辽西文化还具有开放性和融合性特征。在复杂的地理条件、民族构成多样和居民迁移频繁等因素的影响下，辽西的经济类型也具有鲜明的特色，多种经济类型并存，农耕经济、渔猎经济、游牧经济三大类型无一缺失，且互相影响，彼此不断渗透。以多经济类型的存在与交汇为物质基础，在各民族不断互动的过程中，辽西逐渐成为"文化熔炉"。这里既有少数民族间的文化碰撞与融合，也有少数民族文化与汉族文化的交融；既有共时性的融合，即生活在同一时代各民族间的融合，也有历时性的融合，即在区域内的社会历史发展进程中，不同的民族文化在承接传递中的碰撞、吸纳、扬弃直至生成新质文化。这种海纳百川、和融万物的文化生态，不但在历史上为创造丰富灿烂、多姿多彩的文化成果提供了重要条件，而且对于今天乃至未来辽西文化的发展，同样具有重要的价值和意义。

# 第二节
## 马背民族的后裔

在多个版本的自述中，萨仁图娅最先谈到的都是"我是马背民族的后裔，根在大草原"。马背民族——蒙古族是中华民族大家庭的重要成员之一，是有着悠久历史和灿烂文化的民族。萨仁图娅与民族的关系是融入血液的关系，她曾无数次地以诗抒怀：

地上青草　头顶月轮／我歌我梦我寻／马背把我们这个民族选择／生命之鼓敲打出太阳／赤足踏路报以回天之音；

望鸿雁从南到北飞翔／胸中就涌动着黄河长江／怀想茫茫的绿草地／怎不手持神缰／谁能给风划定界疆／我是纯粹的女人／张弛如弓无骑之旅的时候／在风中感受风／对于远方我就是远方；

忘情地融入草地／呼吸清香的味道／灵魂的归宿／便是如此静谧

马背上的萨仁图娅

安好；

草原苍茫／风吹草长／满眼的洁净与空旷／连天铺展的青青
草／相亲相爱的马牛羊。

萨仁图娅的民族意识特别是民族认同意识是强烈而深沉的。一个对本
民族文化缺乏认同的人，是难以体认、融入、了解和热爱本民族及本民族
文化的。对于作家来说，只有体认自身的民族归属，才能"产生民族自尊
心、自豪感和对于本民族的责任感、使命感，加深他们对本民族的认识和
理解，有助于他们创造具有民族特色的作品，从而为中国文学和世界文学
做出独特的贡献"①。萨仁图娅最为可贵之处，一是她在深爱蒙古民族和不
断吸纳本民族文化精华的基础上，站在文化、历史、时代的高度，执着追
溯民族文化之根，持续开掘和升华民族精神；二是她能将个人情感、认知、
命运与本民族乃至整个中华民族的命运紧密结合起来，将对蒙古民族的认
同升华为对中华民族的认同，创造了一个既有民族特色，又具大文化属性
的文学世界、文化世界。

## 一、蒙古族的历史与文化

蒙古族的历史源远流长。蒙古属古东胡族系，是以唐代蒙兀室韦为核
心发展而来的。"蒙兀"是蒙古一词最早的汉文译写，始见于《旧唐书·北
狄传》，其中提到蒙兀室韦是室韦中的一个部落，长期活动在今内蒙古额尔
古纳河沿岸和大兴安岭北部地区。《新唐书》称其为蒙瓦，后人认为蒙瓦应
当是蒙兀之误。《唐会要》中有关于蒙兀室韦的记载。在宋、辽、金时期的

---

① 李鸿然：《中国当代少数民族文学史论》（上），昆明：云南教育出版社，2004年版，第
100页。

史籍中，蒙古有"蒙古里""萌骨""萌古""朦骨""盟古"等译称。现代多数学者比较认同"蒙古"初见于《三朝北盟会编》所引《炀王江上录》的说法。13世纪初，随着蒙古诸多部落的统一和新的民族共同体的形成，蒙古也由一个部落的名称，正式演变为对一个民族的称谓。

早期，蒙古族完全以游牧狩猎为生，后有少数部落开始学习并从事农业生产。唐代中后期，室韦各部陆续进入蒙古高原，开始更多地接触汉族的先进文化，学习先进的生产方式，并逐渐走向强大。1204年，出身于乞颜部的孛儿只斤氏·铁木真统一了蒙古高原各部落。1205年，铁木真将东起呼伦贝尔草原，西至阿尔泰山的广大区域纳入控制之中。1206年，蒙古各部落在斡难河（今鄂嫩河）源头召开了忽里勒台（即大聚会），一致推举铁木真为蒙古大汗，尊称他为成吉思汗，蒙古帝国正式建立。此后，成吉思汗和他的继任者率领蒙古大军多次对外征战，蒙古帝国的铁骑踏遍了欧亚广大地区。在征战中，蒙古先后征服了辽、西夏、金、吐蕃、大理等政权。1271年，成吉思汗的孙子忽必烈改国号为元，定都燕京，称为大都。1279年，在灭亡南宋残余势力后，元最终统一了中国。在此过程中，蒙古族及蒙古族文化均得到了充分的发展。在此后的漫长岁月中，蒙古族世代繁衍生息在中国大地上，共同经历了中华民族命运，一同创造了辉煌灿烂的中华文明。

今天，蒙古族在国内的聚居地大部分分布于内蒙古自治区。其他聚居地位于辽宁、吉林、黑龙江、新疆、青海、甘肃、河南、河北等多个省（自治区）内。此外，在全国各地，均有蒙古族与其他各族民众杂居生活。

蒙古族创造了极具民族特色的文化。蒙古族文化是厚重、博大、精深的文化体系。因篇幅所限，在此仅择其要者加以介绍。在物质文化层面，蒙古族创造了独特的服饰、饮食、居住、建筑、器用和医药文化。蒙古族服饰，最有代表性的是蒙古袍，它与皮靴、腰带、首饰等共同构成了民族服饰体系。蒙古族饮食文化的特色是食用"白红紫青"，即白食——鲜奶等奶制品，红食——肉制品，紫食——米面类食物，青食——水果蔬菜等。在居住和建筑上，创造了游牧时期的蒙古包，农业时期的编制包、草茸包、土壁屋，农业发展时期的草山房、马架子房、平房等。还有套马杆等一系列放牧工具。具有悠久历史的蒙医药，在蒙古族繁衍生息的过程中发挥了重要作用。

在精神文化层面，最为重要的是蒙古族创制了自己的文字，并留下了丰富的历史典籍、文学典籍、科学典籍。其中最有代表性的有民族英雄史诗《江格尔》，三大典籍《蒙古秘史》《蒙古源流》《蒙古黄金史》，蒙古族百科全书《蒙古风俗鉴》，对世界文明贡献卓著的重要医学发明成果《饮膳正要》等。在宗教信仰上，早期的蒙古民族崇尚自然，尊天神为众神之上，相信万物有灵。他们与众多古老的北方民族一样，信奉萨满教。元代，蒙古贵族阶层将佛教引入信仰体系之中。清代，为了加强对蒙古族的精神控制，中央政府在蒙古族地区大力推行藏传佛教。在蒙古族独特的民俗文化中，有丰富多彩的礼俗、婚俗、节庆文化、葬俗等。蒙古族的文学艺术同样具有强烈的感染力和生命力。蒙古族是世界上史诗作品最多的民族之一，除上述的《江格尔》外，现已搜集到的史诗还有300多篇。传承下来的还有大量的祝词、赞词等。到了近代，产生了以尹湛纳希父子为代表的文学创作群体。蒙古族一向以能歌善舞著称，民歌非常发达，包括传统仪式歌、日常生活歌、婚礼歌、赞歌和长篇叙事歌等，曲调包括长调和短调。常用的乐器有马头琴、笛子、四胡、三弦等。蒙古族传统舞蹈，主要为安代舞、筷子舞、马刀舞、盅碗舞等。

关于蒙古族文化精神，有学者做出了全面而准确的概括。即"敢于斗争、开辟富强的'乞颜精神'；聚会商议、议事民主的'忽里勒台'制度；交流互鉴、博采众长的文明观念；崇尚自然、和谐共生的'腾格里'信仰"。"逐草而居、自由自在的生存理念；平等团结、共同繁荣的政治认同；赏罚分明、崇尚公正的民族品格；恪守'约孙'，以法治世的'札撒'思想"。"热爱故乡、忠心报国的爱国主义传统；尽责敬业、吃苦耐劳的'蒙古马精神'；坚守承诺、诚信为本的为人处世准则；以友为贵、友善相待的'安达'情谊"①。有学者将蒙古族文化的基本特征概括为："一是崇尚自然，二是崇尚自由，三是崇尚英雄。即蒙古族文化在处理人与自然的关系问题上，表现为一种崇尚自然的文化；在处理人与自我的关系问题上，表现为一种崇尚自由的文化；在处理人与人的关系问题上，表现为一种英雄文化。"②

## 二、辽西蒙古族

从金代起，蒙古族开始逐渐进入辽西地区。蒙古政权建立后，辽西成为蒙古东道诸王的封地，本族民众被大量迁入。明朝初年，随着蒙古统治势力的向北退却，在辽西地区设立了"由元代东道诸王中帖木哥翰赤斤后裔或所属部建立的朵颜、福余、泰宁等三卫，统称为兀良哈三卫或朵颜三卫"③。明末清初，喀喇沁部、土默特部、蒙郭勒津部自蒙古草原南下，入驻以辽西为中心的广大地区。他们与兀良哈部蒙古人一起，再加上一些小部落，成为辽西地区蒙古人的主要来源。从现有资料分析可知，兀良哈部蒙古人因受南下各部的冲击，人员分散于辽西及附近多个地区。喀喇沁部蒙古人，曾驻牧于今喀喇沁左翼蒙古族自治县、凌源市、建平县、建昌县等地。土默特部蒙古人，曾驻牧于今北票市、朝阳县、阜新蒙古族自治县等地。蒙郭勒津部蒙古人曾随与之关系密切的土默特部落脚于今朝阳地区，后来又向东迁移至今阜新地区。此外，当时入驻辽西地区的，还有察哈尔部和部分科尔沁部蒙古人。今天的辽宁，共有约67万蒙古族人口，分布于

---

① 格日勒图，杨亮，闫子奇：《论蒙古族优秀文化与社会主义核心价值观的契合关系》，《内蒙古民族大学学报》（社会科学版），2020年第6期。
② 吴团英：《论蒙古族文化的基本特征及其在民族性格上的体现》，《内蒙古社会科学》（汉文版），2016年第2期。
③ 佟冬主编：《中国东北史》（第三卷），长春：吉林文史出版社，2006年版，第657页。

全省各县区，但居住在辽西的人口居多。省内的两个蒙古族自治县——喀喇沁左翼蒙古族自治县、阜新蒙古族自治县均属于辽西地区。

清代中期以后，辽西地区成为蒙汉交融程度最深的蒙古族聚居区域。生活在这里的蒙古族人，在保留本民族文化传统的同时，也最大程度地学习和吸纳了更为先进的汉文化。蒙古族的文化和经济得到了快速发展。19世纪初，在由卓索图盟主要管辖的辽西蒙古族聚居区，蒙古族人的汉文化修养得到了较大程度的提升，文风日盛，精英荟萃，并出现了一个文化修养较高的蒙古族文人群体。其中影响最大的有哈斯宝和尹氏五父子、罗布桑却丹等。哈斯宝大约活动于18世纪末至19世纪中叶，卓索图盟土默特右旗（今北票市境内）人。他翻译的蒙古文版《今古奇观》，节译和点评的《红楼梦》，对于重构蒙古文化和促进蒙古文学的发展发挥了重要作用。尹湛纳希是蒙古族文学的重要开创者，是蒙古族文学史上第一位进行现实主义创作的著名作家，是当之无愧的文学巨匠。尹湛纳希家族的忠信府位于今北票市境内。他出生、成长于这里。尹湛纳希的父亲旺钦巴勒兼通蒙汉文化，擅长诗文。在当时的漠南、漠北，旺钦巴勒执掌的"忠信府当属最大的私人图书馆。建有几处藏书楼，分别名为楚宝堂、东坡斋、学古斋。珍藏陈列着数以万计的各种文字、各种版本的珍贵典籍"①。他谙熟民族历史，立志撰写《大元盛世青史演义》，写至第八章时，因旗务、军务繁忙，抱憾辍笔，后由尹湛纳希续写。尹湛纳希的长兄古拉兰萨深通蒙、汉文字，有着渊博的历史知识和卓越的文学才能，曾翻译《水浒传》，并吸收汉族古典诗词的精华，开创了蒙古族诗歌的新形式。尹湛纳希的五哥贡纳楚克、六哥嵩威丹精，同样有着较高的蒙、汉文化修养，均为近代蒙古族文学史上具有重要影响力的作家。罗布桑却丹是著名的哲学家、民俗学家、社会活动家，蒙古族百科全书《蒙古风俗鉴》的作者。

---

① 萨仁图娅：《尹湛纳希》，沈阳：辽宁民族出版社，2002年版，第103页。

　　清代以来，辽西蒙古族还发展了民族艺术、宗教文化等，使民族文化体系得到进一步丰富。辽西蒙古人在狩猎、游牧和农耕生活中，创造了东蒙短调民歌、胡仁·乌力格尔、安代、好来宝、民间器乐曲等艺术形式。其所表现的对象、呈现的意境，反映了民族艺术的基本美学风貌。东蒙短调民歌利用四胡、马头琴、扬琴、管、竹笛、笙、九音锣等乐器伴奏，节拍鲜明，曲调流畅，旋律风格多样，或如微风拂柳，或如万马奔腾，或深沉婉转，或情趣横生。歌中常出现虎豹、骏马、雄鹰、羊羔、苍松翠柏等体现民族精神的元素。安代是融歌、舞、踏为一体的综合性艺术形式，其音乐、装饰、造型均体现出热情奔放、朴实刚劲、节奏明快的特点。蒙古族民间器乐曲，既有蒙古族固有的辽阔、高远、粗犷、豪放风格，也有着清邈、肃穆、庄重的宗教意味。清代的辽西地区，又因其特殊的地理位置——内联东北各地，外通其他蒙古族聚居区，而被选作藏传佛教东传的基地。一时间，庙宇林立，香火旺盛，规模较大的寺庙有佑顺寺、奇金台庙、惠宁寺、瑞应寺、于喇嘛寺等。建于1699年的瑞应寺是其中影响最为深远的寺庙之一，民间有"喇嘛寺（即瑞应寺）有名喇嘛三千六，无名喇嘛赛牛毛"之说。瑞应寺拥有五大扎仓（藏语，意为学院），即萨尼特扎仓（因明僧学院）、曼巴扎仓（医学院）、阿布巴扎仓（密宗学院）、洞阔尔扎仓（时轮学院）、德丹阙凌等，一度"成为当时东蒙地区宗教、医学、文学、艺术的中心"[1]。瑞应寺所承载的文化体系博大精深，不仅包括习俗、礼仪、典章制度、建筑艺术、造型艺术、唐卡佛画，还有语言文字、历史、哲学、医学、逻辑、天文历法等。其中的"查玛舞""经箱乐""哲理论辩"等传承至今，成为融合了藏传佛教文化、蒙古族传统文化、汉民族文化的宝贵文化遗产。

---

① 刘国友：《阜新通史》，长春：吉林大学出版社，2006年版，第237页。

# 第二章
# 人生觉醒与美的觉醒

　　萨仁图娅创造的文学世界和她的精神世界，以及生活世界，都是从朝阳北票那一小片土地上延伸出来的。在这片神奇的土地上，在五味杂陈的现实生活中，在对人生的初体验中，她经历了影响一生的人生觉醒和艺术觉醒。

当代著名作家张炜曾感叹："一个人长大了，走向远方，投入闹市，足迹印上大洋彼岸，他还会固执地指认：故地处于大地的中央。他的整个世界都是那一小片土地上延伸出来的。"①

是的，我们相信，萨仁图娅一定有着与其大致相同的心路历程和生命体验。她在人生的任何一个重要阶段，都是心系故地的。萨仁图娅创造的文学世界和她的精神世界，以及生活世界，都是从朝阳北票那一小片土地上延伸出来的。最早，就是在这片神奇的土地上，在五味杂陈的现实生活中，在对人生的初体验中，她经历了影响其一生的人生觉醒和艺术觉醒。

## 第一节
## 睁开眼睛看世界：人生觉醒

马克思主义认为，人和人类社会是自然界长期发展的产物，人的意识等精神世界是客观世界、物质生产的产物："思想、观念、意识的生产最初是直接与人们的物质活动、与人们的物质交往、与现实生活的语言交织在一起的。人们的想象、思维、精神交往在这里还是人们物质行动的直接产物。表现在某一民族的政治、法律、道德、宗教、形而上学等的语言中的精神生产也是这样。……意识在任何时候都只能是被意识到了的存在，而人们的存在就是他们的现实生活过程。"②在与客观世界进行接触，不断地接受来自客观世界的事物刺激的过程中，人形成了自己的思想、思维、意识、观念等。因此，人都会在早期的生活和活动中，迎来人生觉醒与美的觉醒。

人生觉醒，意味着人真正地睁开眼睛看世界。出生后，当人睁开眼睛，

---

① 张炜：《张炜文集》（第29卷），桂林：漓江出版社，2019年版，第193页。
② 中共中央马克思 恩格斯 列宁 斯大林著作编译局编译：《马克思恩格斯选集》（第一卷），北京：人民出版社，1995年版，第72页。

打量着这个似曾熟悉又陌生的环境时，还只是初级意义上的看世界。直到有一天，经过长期积累，在多因偶发事件的刺激下，人开始对人生与世界产生整体的、理性的、抽象化的见解与看法，有了较为明确的观念和倾向，这是真正睁开眼睛看世界——人生觉醒的标志。"一个人成长到一定时期时，往往由于某个事件的刺激，忽然产生了对于人生的一定的看法。他觉醒了，心中暗暗地说道：'啊，原来人生如此！'这种人生觉醒，对于一个人日后的发展影响至巨，往往是他一生发展的基础：确定他的发展的基本方向、道路和特质。……对于一位作家来说，这种人生觉醒是至关重要的，它成为他的创作心理的最初因素，也会决定他的创作心理结构的基本性质、基本方向。"[1]

萨仁图娅是在多元文化濡染下成长起来的少数民族诗人、作家。她出生的辽西山村，汉族人多，蒙古族人少。经过长期的蒙汉文化融合，这里的生产以农业为主，蒙古族人的汉化程度较高。到了她出生

小学时的萨仁图娅与姑姑付淑媛（左）、班主任闫景贤老师（右）

---

[1] 彭定安：《彭定安文集10·创作心理学》（上），沈阳：东北大学出版社，2021年版，第54页。

的时候，家人虽保持着蒙古族的生活习俗，但主要从事农业生产。因为人多地少，加之劳动生产率低，全家一年忙碌到头，却难以脱离缺衣少食的窘境。此时，新生的共和国正经历着初创、发展时期的艰难与奋进，当然也有曲折和挫折。具体到大时代中的小人物，他们的命运既有时代的烙印，也存在着个体的差异。由于祖母饱读诗书，家人勤于劳作，生活虽然艰难、清苦，但萨仁图娅还算是度过了没有太多烦恼、充实的童年时光。她的人生困境出现在少年时期。当她以优异的成绩考入初中时，因为家里经济太困难了，年少的萨仁图娅迎来了人生中的第一个严峻考验：坚持上学还是选择弃学？时隔多年，萨仁图娅仍然清晰地记得初中求学的艰难情景和她所做的努力、抗争与坚持，还有家人的无奈，以及来自老师和同学们的鼓励、帮助。从萨仁图娅的自述中，我们能够看到她的真实经历和心路历程：

> 我家离学校12华里，家庭困难到连每月6元的伙食费也拿不出，因此我无法在校住宿，父母几番让我休学，我坚持着每天24华里来回走也要读下去，并且成绩始终在全班第一。当时我所在的村庄一届小学生只考上我一个初中生，无奈只好一个小女生每天爬两个山岗，蹚五道河流，还有两个小河沟。河面一溜光滑的石头是过河的桥，无论我如何小心翼翼双脚也得滑落水里，常常是穿着浸透冰水的鞋子到学校，以至一度得了严重的关节炎，连累得心脏也不正常。逢夏季下大雨的天气，河水暴涨，只好绕更远的路。不管怎样，我就是要读书，学习成绩一直居首，初中一年当上少先大队副大队长，初中二年时是学生会的学习部长，属于破例。后来老师帮我争取到助学金，我可以幸福地住校了。①

---

① 巴义尔：《蒙古写意——当代人物卷四》，北京：民族出版社，2014年版，第735—736页。

初中毕业面临升学的时候，成绩优异的萨仁图娅又迎来了人生中的第二个重大考验：上高中后考大学，还是读免费的师范学校？尽管成绩好，考高中毫无问题，但家境依然贫困，上高中、考大学意味着要承受更大的经济压力。这一次，经过痛苦的思考，她做出了既可继续求学又服从于现实的选择，暂时放弃大学梦，去读免费的朝阳师范学校。

两次人生困境的出现以及此间的种种经历，应该在萨仁图娅的心灵中留下了深深的刻痕，它们与她的生活环境碰撞、相融，促进了人生的觉醒，使她产生了对人生的基本看法。这些基本看法，也在一定程度上影响了她的人生走向和文学创作的路径。值得注意的是，儿时和年少时感受到的祖母对待人生的态度，对萨仁图娅也有着一定的影响。她的祖母经历过丧夫之痛，又经受了多次运动的冲击，命运坎坷。但在萨仁图娅的记忆中，就没见她愁苦过。祖母能讲古论今，经常捧起书本与哲人对话，总是平静地应对一切，以一种达观的精神引导人生、主导人生；无论在什么样的阶段遇到什么样的困苦，都依然活得不忧伤。

萨仁图娅对人生的基本态度和看法可以表述为如下三点：一、在她看来，人生之路充满着艰辛，但人生、人间和生活也是美好的，只有坚守、努力和奋斗才能走出困境，收获美好；二、萨仁图娅认为，生而为人，要体现一定的价值，老师和同学们对她的帮助、家人的宽容告诉她，一定要做一个有益于家人、师友、社会、国家的人，这样的人生才是有价值的人生；三、在艰难困苦中，支撑着她坚持走下去的，更多的是她所感受到的那些善良的人们的爱心和实实在在的帮助，以及她对美好生活的向往。她认为，世间的爱与美，是对抗不幸和困苦的良药。

可以说，在萨仁图娅此后的文学创作、文化活动中，体现得最为鲜明的个性品质，如对爱与美的不懈追求，永远感恩的心态，对精神生活的重视，自强不息的生活态度，既关心彼岸世界又积极入世的情怀，早在她的人生觉醒阶段就已经开始萌芽，后来经过发展，被牢牢地植根于她的意志、情感、思维之中。

# 第二节
## 要做美的主人：艺术觉醒

艺术觉醒，即美的觉醒。在每个人的早期生活中，都会经历美的觉醒，不过，作家、艺术家的觉醒显得尤为重要，他们的觉醒程度、时间、模式，与日后的创作道路、文学艺术追求、创作特色及成就等有着极其密切的关系。根据彭定安先生创作心理学的理论，美的觉醒，多发生在少年时代，"在某个时期，对自然、对文学、对艺术发生了一种心灵的感应，情感的交流，对其中的美有了一种感应，一种发自内心的感受，一种动情的反应，他开始认识美、懂得美、爱好美了。……在这种觉醒发生之后，对于文学、艺术，对于美，就有一种带有自觉性的接受和欣赏了，人就成为一个带着自觉性的美的接受主体了，是美的主人了"①。彭定安认为，作家、艺术家的美的觉醒，往往具有超乎常人之处，主要表

奶奶是萨仁图娅的文学启蒙老师

---

① 彭定安：《彭定安文集 10·创作心理学》（上），沈阳：东北大学出版社，2021 年版，第 68 页。

现为："觉醒得比一般人早，表现出早慧的状态，有的人甚至处于一种被称为天才的状态"；"他们的艺术觉醒水平高，程度深"；"他们往往表现为一种顿悟状态，好像是'天机'骤得，豁然开朗，便初得其中三昧"；"最早艺术觉醒出现后，往往便'一发而不可收'，对文学艺术的爱从此萌生，接触日多，乐此不疲"；"他们的这种觉醒，往往都同环境、同接近的人所给予的影响有关。"[①]

萨仁图娅的艺术觉醒相对较早。在儿童时代，她就对家乡辽西的田野风光、山上的野花、天上的流云表现出浓厚的兴趣，经常望着它们浮想联翩。同时，她对祖母读书的状态和她讲的故事格外感兴趣。可以说，萨仁图娅最早的艺术觉醒，来自祖母经常诵读的古典诗词、讲述的历史故事、神话传说的刺激。从祖母那里，她听到了"精卫填海""女娲补天""嫦娥奔月"等美丽的神话，也知道了屈原、《诗经》、唐诗宋词、李白杜甫。躺在祖母的怀中，她第一次知道，世界上还有如此优美的语言和神奇的故事。在她幼小的心灵中，从此种下了文学的种子。她有自述：

> 我的祖母是当时饱读诗书、通古博今的女性，更具有文化人的风骨和性格。留给我最深刻的印象，就是她老人家的手不释卷。记得当时我家有许多竖排版的线装书，她只要一有空闲，就捧起一部书来读，不管多苦多累多有生活压力。
>
> 祖母是我的文学启蒙老师，她白天要下田参加繁重的体力劳动——出工。每每晚饭后，昏黄的油灯下，有时连灯也不点，以透过窗棂的月光为灯，祖母教我与弟弟背唐诗宋词，讲玄妙的神话传说，讲许许多多的历史故事……开启了我生活世界之外的

---

① 彭定安：《彭定安文集10·创作心理学》（上），沈阳：东北大学出版社，2021年版，第69—70页。

另一个世界。使得幼年的我从牙牙学语开始，就在古典诗词、历史故事与神话传说中接受了文学的启蒙，进而萌动了文学最初的胚芽。我还有一位在外读书的堂兄，多才多艺几乎会所有的乐器，每逢假期也带给我好看的书刊与外面的世界，也令我受益不浅。①

萨仁图娅的童年经历，特别是这段自述，对于我们理解她的文学觉醒、日后的文学创作走向、人生走向，是非常重要的。

我们可以试图从以下五个方面理解这种觉醒及其产生的影响。一是她从古典诗词、历史故事、神话传说及民族民间音乐中得到触发，实现了艺术觉醒。从此，在她的审美心理结构中，被注入了中国传统文学的因子和传统美学精神。二是她对故乡山水、风光产生的美的感知，与艺术觉醒是密切相连的。后来，她在创作中将这种感知转化为自己的美学趣味，并升华为对家乡风景、民族风情和祖国大好河山的热爱之情。三是这种觉醒，使她有了对美的初步感知能力，后来经过发展，转化为创造美的能力。四是在艺术初步觉醒的基础上，随着深入阅读、对家乡文化和外面世界的深入了解，她的精神世界得到了充实与发展，使她在意志与情感上打下了从事文学事业的牢固基础。五是萨仁图娅经历的美的觉醒的过程，不但为她的文学创作蓄积了力量，也成为她在经历人生的风风雨雨之后，仍然坚持将文学创作之路走下去的动力之源。

---

① 巴义尔：《蒙古写意——当代人物卷四》，北京：民族出版社，2014年版，第734—735页。

# 第三章
## 文学创作的起点

　　萨仁图娅是在生活与精神陷入双重困境时开始文学创作的。与众多文学家的经历一样，在困境中，她无力改变或对抗现实，但她没有随波逐流，更没有向现实屈服，而是在坚守精神家园的同时，采取以退为进的方式迈进了另一个世界的大门。这就是她早已芳心暗许的诗歌的世界。

　　1968年，萨仁图娅发表了她的第一首诗歌。这是她文学创作的起点，但她的文学创作之火很快就被残酷的现实浇灭了。此后的近十年，她在艰辛、清寂而平常的生活中度过。但幸运的是，在萨仁图娅内心的最深处，从未放弃过文学之梦。

# 第一节
# 第一首诗

萨仁图娅初中毕业照

　　萨仁图娅最早参加文学活动，是在上园读初中的时候。上园是远近闻名的文化之乡，乡里和部分村屯经常举办各种文艺活动。乡里举办活动时，朗诵诗歌是初中师生必出的保留节目。萨仁图娅因为学习成绩好，又被老师认为有一定的文学天赋，每次都要担当重任。所有的集体朗诵，她都是领诵人，有时还会被选派去做单人朗诵，或者被老师指定去进行诗表演。校内举办的文艺和文学活动很多，萨仁图娅是积极参与者之一。在活动中，她虽然还没有动手创作，但有更多的机会接触老师们创作的作品，感受文字和诗的美好。她的心离文学的圣殿越来越近了："在潜移默化中，我爱上了奇妙的文字，心灵逐渐抽出文学的芽苞。"①

---

① 内蒙古师范大学中国少数民族作家研究中心编：《萨仁图娅研究专集》，北京：中央民族大学出版社，2005年版，第4页。

萨仁图娅真正拿起笔进行创作，是在朝阳师范学校学习期间。她在自述中写道：

> 当时我在师范读书，时逢"文革"，学校"停课闹革命"，纷纷扰扰的日子里，由于我父亲是富农子弟，我在"可教育好的子女"之列，不能当红卫兵，更无资格"造反"，我也造不了反，从小沐浴师恩，实在看不下批斗老师的场面。在自我静默独处的时光，能做点什么呢？这时的文学就成为我生命中的一盏灯火，给我迷茫的生命带来光与亮。在喧嚣的校园一个角落里，零星地找来一些书籍。与书为友，脱离尘嚣，我静静地阅读。读多了，就开始尝试写。诗是文学的入门证，诗也在我的人生中创造着另一种生活，使世间一切在喧嚣中沉静美丽。①

由此可知，萨仁图娅是在生活与精神陷入双重困境时开始文学创作的。与众多文学家的经历相似，在困境中，她无力改变或对抗现实，但她没有随波逐流，更没有向现实屈服，而是在坚守精神家园的同时，采取以退为进的方式迈进了另一个世界的大门。这就是她早已芳心暗许的诗歌的世界

1968年8月，萨仁图娅的第一首诗《最新指示传下来》发表在《朝阳日报》上。在今天看来，这首诗略显稚嫩，也带着那个时代的印记，但已经初步展露出诗人的天赋与才华，在遣词造句、表情达意、节奏感等诸多方面，都把握得恰到好处。没多久，因被解放军战士段喜珍从列车下勇救四名儿童的事迹感动，萨仁图娅连夜挥笔写出了诗歌《四分钟赞》，先是发表在《朝阳日报》上，后被当时的中国人民解放军总后勤部刊物《后勤政

①巴义尔：《蒙古写意——当代人物卷四》，北京：民族出版社，2014年版，第736页。

工简讯》刊发。此后，她又接连在报刊上发表诗歌作品。诗歌写得好，给萨仁图娅带来了一定的声誉和机会，但家庭成分的影响却如影随形，难以摆脱。先是部队计划征她入伍，因政审未通过而作罢。随之，因为发表作品多了，学校内有人拿她的家庭成分问题做文章，认为她这样出身的人没有资格在报刊上发表文章。尽管有校军宣队的董教导员、《朝阳日报》的朱姓老编辑等正直、惜才的人支持她，但因压力过大、限制过多，她也不想给支持她的人添麻烦，只好忍痛停止了写作。

## 第二节
## 清寂平常生活中的精神储备

从朝阳师范学校毕业后，萨仁图娅走进了步入社会后的第一站，到农村接受贫下中农再教育。半年后，她被分配到北票纺织厂，当上一名纺织工人。4年后，她被抽调到纺织厂职工子弟学校任教，后升任教导主任。在此期间，她依然怀揣着文学梦，并利用一切机会去学习、读书，但因出身带来的阴影还笼罩在头上，受环境和社会条件限制，始终没有能够动笔写作。

如何认识和理解萨仁图娅毕业后最初的10年生活、工作经历与她的人生历程、文学生涯的关系，是一个复杂的问题。种种特殊的遭遇带给她的挫折感、压抑感、无力感是显而易见的。劳动强度大，生活和工作环境艰苦，缺乏让个人发挥才能、展示才华的空间，对于一个刚刚步入社会的年轻人来说，显然是不幸的。但幸运的是，她所处的小环境还相对平静，加之个人的努力，随着时间的推移，时代的变迁，萨仁图娅的生活境遇也不断地得到改善，命运也相应地得到了改变。

作为一个普通人，10年中，她过的是艰苦、清寂、平常的生活；对于一位诗人、作家而言，这段人生错位的10年，也可以被视为文学创作的精神储备期。在此期间，她的性格变得愈发敏感，情感变得更加丰富，进一步地理解了社会、人生、生活的真相，理解了什么是时代的局限和世界的复杂。她也开始更加深入地思考人的价值，文明的意义，精神的力量……在她后来创作的诗歌和散文随笔中，既蕴含着丰富的情感，也富有理性，大抵与这段经历有着一定的关系。与那一代的很多作家一样，多年以后，萨仁图娅回忆起早年的那段痛苦、艰辛的经历时，承认这段经历是她成长付出的代价，同时也是财富：

> 我属于城籍乡裔的游牧民族的后代，从乡村走入都市，经受最初的挫折，甚至羞辱，但最终磨炼了我，也成就了我。走出校门，从当纺织女工始，执教当园丁，为他人作嫁衣裳当编辑，在党委部门，在新闻单位，在文学岗位……生活让我从几个角度感悟人生体验社会，不断丰富的经历也是一笔财富。[①]

萨仁图娅下乡，是在距离她老家不远的北票大板公社，即今天的大板镇。大板之名，得于清代。当地有一处大房子，蒙古语称大房子为"伊和百兴"，"伊和"汉语意为"大"；"百兴"的谐音为"板上"。当地的蒙古族人就将这个名字叫开了，后来简称为大板。大板与萨仁图娅的老家上园接壤，自然环境和生活习俗等没有什么差别。到这里接受贫下中农再教育，在适应生活环境方面，萨仁图娅没有太大的问题。只是对于一个一直在读书的女孩子来说，农村的劳动是艰苦的。同时，她满怀期待地读了师范学校，却又回到农村参加劳动，自然有着一定的心理落差。好在她适应能力强，很快就融入了当地村民之中，和他们一起劳动，一起生活，遇到不懂的事儿，就向村民请教。因为读书后又回到了农村，加之比以前成熟了，

---

① 萨仁图娅：《保鲜心情》，天津：百花文艺出版社，2000年版，第18页。

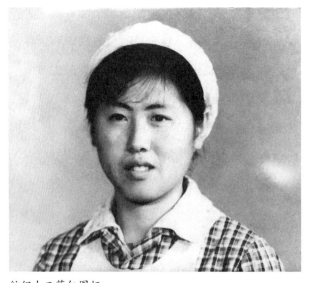

纺织女工萨仁图娅

萨仁图娅对中国的农村生活、农民的精神世界以及家乡的乡土文化，有了不同以往的感受和理解。与此同时，她利用一切机会，阅读能够读到的书，与当地有文化的村民交流民间故事、民族习俗、民间艺术等。毕竟，她的心中还藏着文学梦。

到北票纺织厂车间当纺织工人后，萨仁图娅既勤奋，又善于动脑，很快就从一个学徒工成长为技术过硬的熟练操作工。此后，她不但要完成本职工作，还要按照单位的安排，负责指导新入厂的工人。对于新人，她在技术上总是毫无保留，在生活上也给予她们无微不至的帮助。她乐于助人的性格，在此时已经得到了体现。同时，

萨仁图娅（中）在纺织厂里带徒弟

她积极参加车间、工厂的各种文化活动，成为厂内的活跃分子。纺织厂四年，使萨仁图娅对工厂的环境、纺织女工的生活和精神世界也有了更多的了解。

机会总是会留给有准备的人，萨仁图娅有着师范学校的教育背景，加之平时表现好，工作业绩突出，当纺织厂成立子弟学校，需要教师的时候，自然就想到了她。于是，她从车间转到了教室。对于一个有着文化情结又热爱文学的青年来说，学校是较为理想的去处。走上教学岗位后，萨仁图娅格外珍惜这个机会。她一心扑在学生身上，与学生进行深入交流，并积极改进教学方法，很快就得到了领导、同事和学生的认可。其间，她连年被评为校、厂的先进工作者，获得了县政府的奖励，并先后被提拔为教研组长、教导主任。到学校工作后，与书本、知识、文化的距离更近了。教学之余，萨仁图娅开始偷偷地练笔，但还处于自写自乐的状态，不敢将作品拿出来见人。

在沈从文1961年写给汪曾祺的信中，有这样两段话：

> 时代大，个人渺小如浮沤，应当好好地活，适应习惯各种不同生活，才像是个现代人！一个人生命的成熟，是要靠不同风晴雨雪照顾的。
>
> 你应当始终保持用笔的愿望和信心！好好把有用生命，使用到能够有效延续生命扩大生命有效工作方面去。坚持学习，坚持工作，对自己十分刻苦，克服一切困难，完成这个愿心。①

如同沈从文所说，在大时代中，在更多的时候，萨仁图娅也只能随浪

---

① 续小强，谢中一编：《沈从文自叙传》（上），太原：北岳文艺出版社，2016年版，第604页、第607—608页。

浮沉，学会适应不同的生活。但经历了不同的风霜雨雪，她逐渐走向了成熟。最为可贵的是，在这些日子里，她从未放弃过对未来的期盼和对理想的追寻，在认真工作、不断学习的过程中，积蓄着助力未来发展的力量。

萨仁图娅早期的人生经历，养成并见证了她的性格中最为可贵的特质：既脚踏实地又不忘仰望星空。在此后的人生历程中，当现实与理想出现偏差的时候，萨仁图娅总是能做到踏踏实实地过好眼下的生活，做好能做和需要做的事，但绝不会忘记心中的理想，不会放弃对理想的追求。

## 第三节
### 缪斯的召唤

1978 年，党的十一届三中全会后，中国迎来了一个新的春天。萨仁图娅也走进了自己人生的春天：可以卸下出身的包袱，光明正大地挥笔写作、去实现埋藏在心中已久的文学梦了！此时，她承担着学校的繁重工作，还要照顾老人、丈夫和两个孩子的生活。但是，可以写作和发表文章了，这比什么都重要。萨仁图娅把除工作和照顾家人之外的所有时间，都用在了读书和写作上。她找来一切能够找到的关于诗歌创作的资料进行研读，读诗选，读文学史，读文学理论书籍，读新出版的报刊，借鉴，模仿，学习，尝试着一篇接一篇地写。遇到自己难以理解的问题，她就四处请教，直至学懂弄通为止。萨仁图娅创作的诗歌，绝大多数为现代诗。她选择写现代诗，一是受时代和环境的影响，二是出于个人的偏好。早期创作的诗歌，多源自她对生活的感受，对时代和社会变化的感知，以及自己的情感体验。

这是一段艰难的，也是她成长最快的岁月。为了实现梦想，再苦再难，她都要坚持。萨仁图娅坚信：

所有的桂冠都是用荆棘编织而成的，所有的成功都是对汗水、心血、智慧的一份回报。①

多年的积淀，天赋的才华，辛苦的付出，很快就换来了回报。她的诗歌作品陆续在《朝阳日报》、《朝阳》文学杂志、《鸭绿江》文学月刊、《辽宁日报》《人民日报》等报刊刊出，并获得了编辑、文学界人士的好评和读者的喜爱。

短短两年间，萨仁图娅就成长为在省内外具有一定影响力的诗人，辽宁文学界冉冉升起的

青年时代的萨仁图娅

一颗新星。1980年，她被调到朝阳地区文联工作，在《朝阳》编辑部、《庄稼人》编辑部负责编辑诗歌。从1980年到1984年，她利用4年时间，完成了辽宁大学中文系的函授课程，系统地学习了文艺理论、文学史和写作等，增强了文学理论修养，圆了大学梦。在此期间，她养成了大量阅读各种书籍、报刊的习惯，完善了自己的知识营养系统：

我不断购书，名家名著、古今中外、美学、哲学、文史等，

---

① 内蒙古师范大学中国少数民族作家研究中心编：《萨仁图娅研究专集》，北京：中央民族大学出版社，2005年版，第14页。

加之每年所订阅的数十余种报刊，都为所居相对偏远之地的我，提供了较为丰富的精神营养。①

可以说，后来支撑萨仁图娅的创作和研究不断走向深入的知识体系和理论体系，就是在这个时期初步形成的。此时，她的知识结构已经比较完备，包括马克思主义理论、马克思主义文艺理论、中国传统文艺理论和西方文艺理论、中国文学和外国文学、人文科学等，都囊括其内。同时，她特别注重研读中西现代诗歌、当代诗歌作品和相关理论，吸纳其中所蕴含的艺术精神、美学精神，学习表现手法和创作技巧等。这时，她的民族认同意识也不断得到增强，更加深入地了解和研究蒙古民族文化。

同样重要的是，在这一时期，萨仁图娅经历了生活的文化场景的转换。文化场景的转换，对于一个生命个体特别是文学艺术家的发展，影响是巨大的。武斌在《文化后院的眷恋——彭定安学传》中论述了这一问题，他谈道：

> 文化是人的生存环境，而对每个具体的个人来说，真正对他发挥实际影响的是他的"文化情境""文化场景"。即他所理解、所感受的"生活世界"。"文化情境""文化场景"是围绕着个人的意义特殊的文化世界，是现实的可经验的世界，他讲授、解释、传播、评价文化世界的意义，把文化的意义灌输给个人，从而形成这"个人"的文化心态、文化视野、文化情怀，建构他的个人心理结构和自我价值意识。那么，"文化情境""文化场景"的转换，也必将影响到个人文化心理的重要变化。②

---

① 内蒙古师范大学中国少数民族作家研究中心编：《萨仁图娅研究专集》，北京：中央民族大学出版社，2005年版，第14页。
② 武斌：《文化后院的眷恋——彭定安学传》，沈阳：辽宁人民出版社，1998年版，第81—82页。

进入城市生活，在文学期刊编辑部工作，完成大学函授课程，萨仁图娅实现了文化场景转换。繁华的都市生活，新鲜的时代气息，文化气息浓郁的工作环境，与大学者、名教授、大作家和经典作品直接对话的学习氛围，在深层次上改变了她的文化心态，使她获得了全新的生命体验、文化视野、文化情怀。可以说，这次转换，为萨仁图娅坚定地选择文学之路，为她日后成为名诗人、名作家、名学者，奠定了基础。

1984年，萨仁图娅被调到中共朝阳市委统战部，先后任秘书处副处长、理论研究室主任。在机关工作期间，她在业余时间仍坚持创作，以诗歌为主，后结集为《当暮色渐蓝》。同时，她开始尝试创作其他体裁的作品，显露出在报告文学、散文随笔、文艺评论等方面的才华，也获得了更多的荣誉。据她自述：

> 其间，被评为"朝阳市妇女十大新闻人物"，作品《我和孩子一起长大》获"辽西凤征文优秀作品奖"；《家的四方城》在辽宁省妇联举办的"爱我辽宁爱我家"征文中获奖；论文《寒芳一枝展素馨》被市哲学社会科学界联合会评奖委员会评定为优秀学术成果并获论文奖；报告文学《当灵魂懂得了它的使命》在《作家生活报》发表后，获得"凤鸣文学奖"一等奖；我被朝阳市写作协会授予"优秀作家"称号。[①]

1989年初，萨仁图娅面临着职业生涯中的一个重大选择：从政还是从文？根据她的记述：

> 市委组织部部长关切地找我谈话，我记得清楚的是"不能

---

① 巴义尔：《蒙古写意——当代人物卷四》，北京：民族出版社，2014年版，第738页。

左手画圆，右手画方"。也就是从政与从文不能兼顾，组织还是很关照我，给我四个选项，我选择去创建《朝阳工人报》社，担任了副总编辑。①

选择往往是艰难的，因为选择就意味着放弃。在此过程中，萨仁图娅同样经历了深入的思考和痛苦的抉择。她事后谈道：

> 更换岗位的同时转换思维，心里也不平衡，但最终还是转向追求精神目标，提升自己进入审美创造的境界。我不知道当初如果不放弃的话，会不会是今天的自己。人是一个微妙的存在，可能因为放弃而成就一生，也可能因为放弃而偏废一生。问题是，放弃的是该不该放弃的，要有个内在尺度，要有种价值取向。②

这个按照自己的价值取向、听从内心的召唤而做出的选择，最终确立了她的人生走向。从那以后，萨仁图娅坚定地沿着诗人之路、作家之路、学者之路走下去，成为朝阳市作家协会主席、文联主席，成为享誉国内外诗坛、具有重要影响的诗人、作家、文化学者，成为积极传播中华文化的"形象大使"。

---

① 巴义尔：《蒙古写意——当代人物卷四》，北京：民族出版社，2014年版，第738页。
② 萨仁图娅：《保鲜心情》，天津：百花文艺出版社，2000年版，第22—23页。

# 第四章
## 本色是诗人（一）：登上国内诗坛

　　20世纪80年代是中国当代诗歌的黄金时代。幸运的是，萨仁图娅的诗歌创作就起步于这个时代。1986年，萨仁图娅的第一本诗集《当暮色渐蓝》出版。诗集的起点之高，在青年诗人出版的处女作中是比较少见的。这本令诗坛瞩目并深受读者喜爱的诗集的出版，标志着萨仁图娅诗歌创作基本风格的初步形成。同时也表明，她的诗歌在思想内容和艺术表现上均达到了一定的高度。从此，萨仁图娅在中国诗坛拥有了一席之地。

　　20世纪80年代的中国诗坛，呈现出异常繁茂的局面，既生发了诸多新的诗歌观念、艺术元素，也诞生了一大批具有独特审美价值、历史文化内涵和时代特色的作品。当时的中国，"青年诗人逐渐成为创作的主力。他们的革新和探索精神，在文化修养和诗歌技艺上的准备，以及与世界诗歌的广泛联系，给中国新诗的发展注入新的血液。所有这一切，必然引起诗歌观念和审美特征上的具有转折性质的变化"①。萨仁图娅就是上述诸多青年诗人中的一员，有着那个时代所产生的诗人的共性，乐于关切时事，敢于承担责任，具有较强的探索、创新、超越、突破意识。但是，在所处环境、人生经历、个性等因素的影响下，萨仁图娅又表现出很多与众不同之处。首先，因身处辽西小城，远离北京、上海等文化中心，使萨仁图娅在接受新观点、新思想、新知识的同时，又有着更多冷静、独立思考的时间和空间。在汹涌澎湃的时代大潮之中，萨仁图娅从来也不是潮头上的群体中的一员。多数时候，她在远远地观察，默默地思考，静静地写作。其次，因萨仁图娅所受的影响和教育，多属中国传统文化和正统文化的范畴，

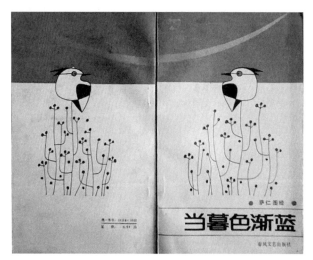

《当暮色渐蓝》诗集封面

因此，在她的文学创作的天平上，寻根和观照现实生活的砝码往往是重于求新求异的。再次，萨仁图娅是一个兼具感性与理性的诗人。我一向认为，创作诗歌，激情和感性是非常重要的，但诗人一定要有

---

① 洪子诚：《中国当代文学概说》，北京：北京大学出版社，2010年版，第121页。

理性，那些过分夸大感性的力量并排斥理性的观点，是偏颇的。较为理性的性格特质，使萨仁图娅并不忙于追逐潮流。多数时候，她都是在踏踏实实地做着该做的事，在沉淀与思考中完成创作。她的诗歌也多是情理交融后的结晶，是岁月沉淀后的结果，是精神升华后的产物。最后一点也是非常重要的是，萨仁图娅是一个具有多元文化优势的诗人。在多元文化的浸润与影响下，她形成了独特的文化结构和心理模式，文学视野广阔，艺术个性鲜明。

# 第一节
## 首获全国文学大奖：《当暮色渐蓝》

20世纪80年代是中国当代诗歌的黄金时代。幸运的是，萨仁图娅的诗歌创作就起步于这个时代。1986年，萨仁图娅的第一本诗集《当暮色渐蓝》出版。诗集的起点之高，在青年诗人出版的处女作中是比较少见的。这本令诗坛瞩目并深受读者喜爱的诗集的出版，标志着萨仁图娅诗歌创作基本风格的初步形成。同时也表明，她的诗歌在思想内容和艺术表现上均达到了一定的高度。从此，萨仁图娅在中国诗坛拥有了一席之地。

## 一、第一本诗集

《当暮色渐蓝》由春风文艺出版社出版。诗坛泰斗臧克家题词，著名诗人、诗歌评论家阿红作序。诗集包括五辑：《当暮色渐蓝》《月朦胧草青青》《船厂·小城·改革者》《生活的五线谱》《祖国，我是帆》，共近百首诗歌。

《当暮色渐蓝》第一次印刷了5300册，很快就销售一空。诗集能引起如此强烈的关注，是作者和编辑都没有预料到的。在之后相当长的一段时期内热度不减。辽宁省内外媒体和相关刊物纷纷进行推介和选载。据不完

全统计，"《诗潮》《辽宁日报》《沈阳晚报》等十几家报刊发表评介。这部
诗集中的作品，《青年文摘》《中国当代女诗人诗选》《中国少数民族女诗人
诗选》《20世纪华夏女性文学经典文库——百位女诗人抒情诗精品荟萃·繁
星春水红纱巾》《中国二十世纪纯抒情诗精华》等，以及台湾《秋水》等许
多刊物，都有选载"①。

　　1990年，《当暮色渐蓝》获得国家级文学大奖——第三届全国少数民族
文学创作奖。全国少数民族文学创作奖，是由中国作家协会、国家民族事
务委员会共同主办的少数民族文学的国家级文学奖，是当时代表中国当代
文学较高水平的文学奖之一。2004年，该奖项与茅盾文学奖、鲁迅文学奖、
全国优秀儿童文学奖一起，被定为国家级文学奖。该奖项设有长篇小说、中篇小说集、短篇小说集、诗集、散文集、报告文学集、评论、理论集、翻译、新人新作等奖项，当初每三年评选一次。1999年，第六届"全国少数民族文学创作奖"更名为"全国少数民族文学'骏马奖'"，2005年又更名为"全国少数民族文学创作

萨仁图娅正在创作第一本诗集

① 内蒙古师范大学中国少数民族作家研究中心编：《萨仁图娅研究专集》，北京：中央民族大
学出版社，2005年版，第9页。

'骏马奖'"。也就是在这一年，萨仁图娅第二次获得了该项大奖，成为国内为数不多的两次荣获"骏马奖"的少数民族作家之一。

## 二、基本艺术风格的形成

从总体上来看，《当暮色渐蓝》已经体现出萨仁图娅诗歌的浑融性特点。她的诗歌，既恪守中国传统诗歌所固有的民族文化品格，也具有现代女性诗歌的特质，同时具有蒙古族民族基因所赋予的个性化特质。更重要的是，诗中蕴含着丰富的社会历史内容。从创作风格上来看，《当暮色渐蓝》在一定程度上反映了萨仁图娅诗歌创作的基本风格，即"多方位地开拓自己诗歌的主题思路。从抒情方式上它们基本上继承了我国当代诗歌20世纪五六十年代所形成的洋溢着理想主义的浪漫抒情格调"①。

诗集中收录的5个专辑的诗歌，分别以抒写真情之美、自然万物之美、劳动创造之美、生活之美、祖国之美为主题，体现了诗人多方位地开拓自己诗歌的主题思路的特色。在专辑《当暮色渐蓝》中，诗人写了心目中爱情的样子：

相聚，一百个温暖／别离，十万个思念／然而生命的船岂能泊在港湾！／我用心数着分离的日子／听风，总像你的手／在叩打门环。（《当暮色渐蓝》）假如生活偶尔让你感伤／让夜幕降临让钟声吟唱／我展动翅膀而来送你一缕柔光／我的名字在你飞出希望的胸膛／请相信爱有神奇无比的力量。（《我的名字——》）

在专辑《月朦胧草青青》中，诗人以灵动的笔触抒写着自然万物之美

---

① 李万庆：《走向"天籁"——萨仁图娅诗歌创作综论》，《民族文学研究》，1994年04期。

与家乡之美：

胆怯的叶片下／是躲闪的眉毛／怕风，把自己无端缠绕？晶莹
的露珠滚落了／被打湿的美与真诚／在阳光下闪耀。(《含羞草》)

晨风　牵出／万缕霞光／蒲公英　在／静悄悄的角落／走出梦
乡。(《蒲公英》)

并不能染醉云霞万朵／也不能漫透山坡青禾／望一眼，心中
却燃起爱情的火／喝一口哟，嘴里留下清香的沫。(《大凌河，家
乡的河》)

在专辑《船厂·小城·改革者》中，诗人发出了对劳动者、创造者、
奋斗者的礼赞：

致敬——用我兴奋的眼睛／而你也用　簇簇焊花声声汽笛／
用钢的旋律铁的诗情／丰富了我儿时的梦。(《船厂　我看到》)

井塔托举着天空／水枪开拓着地层／火车喘着粗气／自行车
洒落轻盈／热能沿着拥挤的柏油路／与矿工同行／北方　繁忙的
小城。(《北方　一座小城》)

在专辑《生活的五线谱》中，诗人抒发了对富有人情味的生活的珍惜
与赞美之情：

用攥热的几枚硬币／用凝着问号的几滴泪珠／女儿　庄严地
送我上路……追随我的女儿会懂／启程的不仅仅是我／而是一支
队伍　一个民族。(《羽毛　轻轻地抖动·女儿　送我上路》)

一套十四平方米的小屋／一份现实生活的满足／月季红　菊

花黄／又把我的梦丰富／还要挤出一块地方／摆下两摞厚厚的书／充实　占据每个平方／信念融进生活五线谱。（《羽毛　轻轻地抖动·我举杯——》）

在专辑《祖国，我是帆》中，诗人表达着对祖国和人民的深沉的爱：

一叶补缀过的帆／结识风浪结识江河结识海燕／嗓音一直纯得发蓝／和八十年代的大海一起／以力和美印证中国容颜／礁石旋涡和激流／培养我的坚定坦率和勇敢／浪花朝霞和鸥鸟／为我编织绚丽的梦姿态万千／连同我的自豪与尊严／把困难与胜利留在身后边／啊，祖国／我和着你激越的主旋。（《祖国，我是帆》）

巍巍然／称得上不朽／中国在这里／挺着自豪的胸脯。（《雄关漫步》）

在后来的诗歌创作乃至整个文学创作中，萨仁图娅坚持不断深化、升华上述多个方面的主题。同时，继续向多方位进行拓展，将弘扬民族文化、传承民族精神、颂扬时代精神等作为重要主题，着力予以表现。

苏珊·朗格认为："艺术品是将情感（指广义的情感，亦即人所能感受到的一切）呈现出来供人观赏的，是由情感转化成的可见的或可听的形式。它是运用符号的方式把情感转变为诉诸人的直觉的东西……"①文学艺术作品都会带有创作者的主观情感因素，具有表现情感的功能，但在文学艺术领域，人们习惯于将作品分为抒情性作品和叙事性作品两类。抒情性作品，以表现作者个人主观情感为主，偏重审美价值。在具体创作实践中，"抒情性作品正是以其独特的抒情方式将情感对象化、形式化，使抽象的情感以

① ［美］苏珊·朗格：《艺术问题》，北京：中国社会科学出版社，1983年版，第24页。

一种'表现性的形式'呈现出来，并使之成为审美的情感"①。萨仁图娅早期的诗歌，多为抒情性作品。她运用了独特的抒情话语表现自己的体验、心境和感悟。在《当暮色渐蓝》中，她以直抒胸臆、因事寄情、托物言志、借景抒怀等诸多方式进行抒情，并巧妙地处理了声音、画面、情感的关系，形成了独特的审美风貌。这些诗歌，充满了浪漫主义的想象力和理想主义的色彩，形成了具有诗情画意的艺术境界及清新自然、和合优美的风格特征。如阿红的评价："清新、婉约、沉挚、素朴，像素馨花，像夜香花，却又隐隐中有股阳刚之气。"②

此后，尽管在一些特殊时段内，萨仁图娅的诗歌风格有过短暂的突变，但从总体上来看，对浪漫主义的抒情方式和醇美境界的追求，婉约中蕴含着阳刚之气，一直是她诗歌风格的主基调。在此基础上，她不断地吸纳新的表现手法，探索新的表现方式，使自己的诗美世界，变得更加阔大、深沉、高远。

## 三、好评如潮

《当暮色渐蓝》出版后，得到了文学界、评论界的关注，有诸多评论家、诗人、作家从不同的角度阐释了这部诗集的价值与特色，可谓好评如潮。

姚莹在《真情·哲理·使命感——读萨仁图娅诗集〈当暮色渐蓝〉》中指出，《当暮色渐蓝》的特点是有真情，有哲理，有强烈的历史使命感。他的感受是：

> 在读诗集时，顿感有一股真情之风扑面而来，有一脉真情之水冲撞心田，使人沉醉，令人痴迷。这情，或柔或刚，或喜或愤，

---

① 王确主编：《文学理论研究》，长春：东北师范大学出版社，2005年版，第141页。
② 萨仁图娅：《当暮色渐蓝》，沈阳：春风文艺出版社，1986年版，第8页。

皆动于衷，像一条五彩线，把这五辑诗牢牢地捆扎在一起。最惹人注目，令人称道的还是首辑爱情诗……爱情，花一般美、蜜一般甜，人生离不开爱情！萨仁图娅的爱情诗是生活的感应，真情的结晶，行云般飘逸，流水般自然，灿烂耀目、娓娓动听。读这辑诗，你能触摸到诗人心的律动，产生共振与谐鸣。

他认为，诗集的第二个特点是有哲理：

诗人长于借物喻人，从对花、草、棉、苗等司空见惯的景物的描绘中，抒发了颇有人生哲理的情态。

他指出，诗集的第三个特色是诗人具有强烈的历史使命感：

她时刻不忘自己是"凌河的女儿"，是党旗的一根纤维，所以，她放歌"插着翅膀"的祖国和带领人民发起"史诗性"进军的党……诗人的心始终与党和人民共同着一个脉搏，这是极可宝贵的主体意识。因而，她的诗迥别于那些处心积虑、搜肠刮肚地表现一己的喜怒幽怨的诗，迥别于那些故弄玄虚、哗众取宠的新"假大空"。①

戴言的评论文章《别具一格的诗——〈当暮色渐蓝〉读后》认为，萨仁图娅的诗集在有生活气息、有时代精神、有艺术修养、有民族气魄四个方面均取得了一定的成就。上述"四有"，是臧克家为诗集题词的内容，是他总结的优秀诗歌作品应达到的重要标准。戴言认为：

---

① 姚莹：《真情·哲理·使命感——读萨仁图娅诗集〈当暮色渐蓝〉》，《作家生活报》，1987年2月5日。

《当暮色渐蓝》里的几辑诗都富有生活气息，尤其开卷第一辑被选作书名《当暮色渐蓝》里18首爱情诗——最代表女诗人特色的诗篇，更富有生活气息，细腻委婉真挚微妙地写出爱情——人类最甜蜜最微妙的感情的缠绵缱绻。

《当暮色渐蓝》写爱情也有时代色彩，对爱情应郑重、专注，"爱情的鸟只能有一个归宿"；不能因爱情贻误工作，"十万个想念也不能让生命的船停在爱的港湾。"这与资产阶级的滥爱、性解放、爱情就是一切，绝对绝缘。诗集中的政治抒情诗的时代的浪潮更广阔了。

戴言认为，在有艺术修养方面，萨仁图娅注重诗的意境和语言的格律：

这本诗集，诗情都是通过画意表现出来的，每首诗都是一个或几个意境。

诗是朗读的，应该有音乐美；诗是阅读的，应该有形式美，萨仁图娅很重视这两点，每首诗的段数，每段的句数，每句的字数，每首诗都保持一致，规整匀称。

戴言指出，在表现民族气魄上，萨仁图娅的诗歌具有如下特点：

一是在内容上反映了中华民族的自豪感，时代感，使命感，表达中华民族的思想感情、生活、斗争。另一方面是形式具有中国作风、中国气派，接受、继承民族传统并发扬光大，决不搞洋八股，反对欧化和洋味。①

---

① 戴言：《别具一格的诗——〈当暮色渐蓝〉读后》，《朝阳师专学报》，1988年第4期。

丁宗皓在《她先把自己看成一棵草——评〈当暮色渐蓝〉》中指出，萨仁图娅的诗真实地记载了诗人寻求完整的人格模式和生活准则的历史。他谈道：

> 在这种变幻莫测的时代氛围中，她却意外地坚定，形成自己那种达观向上，善于寻找生活中别人意识不到的光明……萨仁图娅的诗整体上笼罩的那种宁静、平和、安详的气氛，使读者感到意外的振奋，这浓郁的世俗生活氛围使人迷醉使人忘记大苦大难。不用说她始终循着传统的道德原则展开自己的生活并用生活来建构自己的天地，这里再现的是一种民族精神。
>
> 萨仁图娅在人生路途上，始终把自己放到一个普通人的地位去看。且在社会环境中逐渐地形成了一种"小草"意识，不夸大自己，就容易回避诸多的自身的困惑，因此她的言志的诗确实体现出一种不断追求、只问耕耘不问收获的精神力量。[1]

胡世宗在《如火的情愫　如冰的思绪——读诗集〈当暮色渐蓝〉致萨仁图娅》中，做出了如下的评价：

> 你的诗给我留下的总印象是真纯晓畅。情真而纯，诗笔晓畅，迥然有别于当今某些晦涩的诗、虚假的诗、俗气的诗……阿红说：你的爱情诗写得"很漂亮"。的确如此，你的爱情诗在这本诗集中也是出色的。你笔下的爱情既不是那种空泛的教义，也不是那种无病呻吟，不是那种封闭的极狭隘的心灵咏叹。你写得真实、自然、细腻、微妙而又开阔。只有开阔的情感才会有开阔的想象。

---

[1] 丁宗皓：《她先把自己看成一棵草——评〈当暮色渐蓝〉》，《诗潮》，1988年五、六月号，总第21期。

胡世宗认为，萨仁图娅成功的基础之一，是她对生活的挚爱：

> 你的心灵因了太阳的抚触而歌唱。你寄情思于《塞上草》："大自然赋予你青春活力，你还给生活以嫩绿色彩"。你这里歌唱的正是你自己的人生。你说："我是帆，在生活的海面上书写宣言。"你的宣言就是你所寄托的明月。①

宇峰在《明月初照人——读诗集〈当暮色渐蓝〉》中，认为萨仁图娅的诗歌创作，是在收集心灵的脚印：

> 这心灵的脚印，是"梦乡里的一抹霓虹"，是"难熟的果子挂在枝头"，是"那如火的情愫如冰的思绪"，是"使我为之一振的那双眼睛"，是"相聚，一百个温暖"，更是"别离，十万个思念"。像这样的脚印，也许每个人心里都有，或深或浅，或明或暗。如此平淡无奇，却只有点滴可以言传，有万千只能意会。诗人就这样捧出了自己的心，这也是一个平淡无奇的动作，正是这种平淡无奇有诗的真诚。

他认为，萨仁图娅的诗歌创作，也是在采摘生命的花朵，向世人展示出精神绽放的七彩光辉：

> 生命，并非原本就是丰富多彩，只有在挫折中才会增添声色；生命力也没有天赐的强大旺盛，而是在抵抗中绽放光辉。在《月朦胧草青青》一辑中，诗人更多在赞美的是"妩媚的身影"柔中

---

① 内蒙古师范大学中国少数民族作家研究中心编：《萨仁图娅研究专集》，北京：中央民族大学出版社，2005年版，第113—116页。

之刚。连《岩边树》也有着"一度被扭曲的身腰"。①

宇峰认为，在诗中，诗人无比坦诚地打开了自家的门窗：

这家子，一点儿也不阔气，一台浪花牌洗衣机，"差不多用去我全部积蓄"。在这里，又一次醒目地见出诗人坦直的真诚！《生活的五线谱》这一辑似颇能代表全集的艺术风格。②

宇峰指出，在诗中，诗人也张开了理想的风帆：

在《祖国，我是帆》这一辑中，诗人以神女峰为题自勉："让过去属于梦而真实生命属于你。"这真实生命，是诗人的帆。③

## 第二节
## 寻求新变：《快乐如菊》

在《当暮色渐蓝》后记中，萨仁图娅表示，要"少一点宣言，多一些探索实践。我面对新的起飞线"④。在鲜花与掌声中，她未做片刻停歇，也没有半分迟疑，快步奔向了新的起跑线。1989年，萨仁图娅的第二本诗集——九行抒情诗选《快乐如菊》，作为"中国皇冠诗丛"的一种，由广西民族出版社出版。《快乐如菊》是萨仁图娅早期文学创作路途中的重要一站，其最为突出的价值在于，它是诗人不断寻求新变、寻求突破、超越自我的见证。

---

①②③ 内蒙古师范大学中国少数民族作家研究中心编：《萨仁图娅研究专集》，北京：中央民族大学出版社，2005年版，第103页、第106页、第107页。
④ 萨仁图娅：《当暮色渐蓝》，沈阳：春风文艺出版社，1986年版，第120页。

《快乐如菊》是一部作者以独特的视角审视生命内涵与价值的诗集。萨仁图娅在后记中写道：

　　让快乐如菊，绽放于秋的领地，以生命赋予的权利，向空而语，向风而语。昨天，是一个梦。太多的昨天，成为积淀。明天，是一个梦。太多的明天，却是迷离。今天才是一个真实！属于我，属于他，也同样属于你！生活似乎没有让人静下来审视，甚至匀称下来喘息的时机，因此才感觉累。生活同时也就在我们每个人身边等着拥抱，并公平地提供空间，而空间就如两数相减必得其差一样自然产生。我在属于自己的空间在今天的日子里栽培一株菊。欣赏的同时，进入，感悟真谛。

它也是一位女性诗人发出的应该如何面对生活与世界的宣言：

　　芳香一段往事，自己不必逃避自己，让世界在菊纷披的记忆中美丽。女人很难在道德的字典里找到真实的自己。女人生活的海中最佳形象是平静的港湾而甚至不是一条轻游水中的鱼！生命每前进一寸，往往以汗，以泪，以血，以乳相抵。然总有月照着，总是星亮着，然后是灿烂的日出，光阴的顺理成章尚值庆幸，脚下路有光照耀着。人类社会的拱门需要楔石，同时也该有鲜花装点凯旋门！面对挑战同时也面对机遇。一切取决于每个人自己。①

《快乐如菊》收录的76首诗，反映出诸多不同于作者以往诗歌的艺术特色。其中最主要的，一是很多诗歌的格调"从奔放的抒情走向冷凝的智

---

① 《快乐如菊》，南宁：广西民族出版社，1989年版，第87—88页。

思，使之具有言外之意的意象化特征，在语言上通过省略造成空白和跳跃，给诗语一种涩味"[1]；二是独创了九行诗的诗歌体例。针对《快乐如菊》的价值与特色，研究者们做了全面、深刻的评析。对于这部具有探索性质的诗集，评论家们也分析了其成败得失之处，结论是：得大于失。

李万庆认为，萨仁图娅从《当暮色渐蓝》那种浪漫的抒情，到《快乐如菊》那种冷静的智思，是她在寻求新变过程中做出的大胆探索：

即从外部的奔放转向收敛，并走向内部情思的深化。她的本意也许在于取法于现代主义，而她也确乎在现代主义诗风的影响下使自己的诗路发生了新变，然而也许是席慕蓉的诗启发了她，使她的诗又特别接近于台港诗歌从现代主义回归民族传统的新古典主义风格。我们来看看这首收入《快乐如菊》中的九行诗："相逢因了相同的梦 / 发如帆去赴约会 / 灵魂在腿上脚上亦梦非梦 / 你到底等了多久 风 / 在我的夏天吹了很短的一瞬 / 我们的历程是红帆船的历程 / 这个世界没有无缘无故 / 一万个秘密如星 叠叠重重 / 月亮剪辑的情节很生动。"这首诗同她充满浪漫气息直抒其情的早期诗相比，发生了重要变化。且不说诗歌体的凝练、精短，即以表现方法论，主要采用了隐喻和象征的意象抒情方式，语言也变得由滑到涩，情转化为智。诗语的省略，造成了诗意的跳跃与空白，增强了理性的思索。千年宿缘其实就是在一瞬间完成的："你到底等了多久 风 / 在我的夏天吹了很短一瞬。"这种从感觉层次直跃到智性层次而省略情感层次的手法，是化情为意，它将外张的情感变成内聚的意象。"这个世界没有无缘无故 / 一万个秘密如星 叠叠重重"，这不仅指出爱的必然，也道出爱的美丽

---

[1] 李万庆：《走向"天籁"——萨仁图娅诗歌创作综论》，《民族文学研究》，1994年04期。

如星花灿烂。最后一句："月亮剪辑的情节很生动"，看似与全诗脱节，却妙趣横生，原来，月老已将爱的全部秘密都偷窥了去。应该说这种抒情方式的变化有得有失，得多失少。①

李万庆同时肯定了萨仁图娅独创的九行诗的价值：

> 这本诗集的76首诗，全部为带韵的九行诗。它需要多么刻苦的精心制作！为什么是九行，而不是更多或更少，这除了经验的积累变为有意的选择，还因为"九"是蒙古族最完美最吉祥的数字。我国有四行一节的传统新诗体式，又有移植于国外的十四行体，现在，这种九行体，无疑又增加了新诗表达的活力。②

蒋登科在《短诗的长味——读萨仁图娅诗集〈快乐如菊〉》中，深入地分析了这些短诗的价值和特点。蒋登科指出：

> 萨仁图娅是理解短诗的特点的。她的诗直抒胸臆，不事铺陈，在简约的诗行中包含深意与深情，换句话说，诗人把心中的沉思、挚爱糅合在一起表现于诗中，提高了诗的情感浓度……短诗以短取胜，因此在艺术表现上，它一点儿也不能马虎。短诗要求凝练，要求新奇，这就要求诗人有较高的艺术修养。在一般的情况下，短诗很容易写成说理的诗，诗人往往只道出对象所包含的某种有启迪性的哲理内涵。对于诗，这是不够的。诗需诗人心灵的显现，要求诗人用心灵的体悟道出人生的哲学。在这方面，萨仁图娅的诗作是很有特点的。

---

①② 李万庆：《走向"天籁"——萨仁图娅诗歌创作综论》，《民族文学研究》，1994 年 04 期。

蒋登科认为，萨仁图娅很好地理解和把握了短诗的艺术特征：别致，精巧，如光点般醒目，在瞬间令人惊觉，短中有着另一种风味的长，不连贯中有着另一类效应的连贯。他谈道：

> 短诗忌面而重点，点的辐散构成短诗在抒情上的独特面貌，短诗要有新发现，精巧独特，给人耳目一新之感；短诗要寓长于短，比一般抒情诗更需注意"言外之意""弦外之音""韵外之致"。萨仁图娅也悟出了这些特点，并将其作为一种艺术追求融合在创作中，造成了她的短诗的绵长的韵味。①

姚翔宇在《绽放青春——读〈快乐如菊〉》一文中，认为萨仁图娅的尝试、探索与突破冲击了旧有的诗歌观念，也在一定程度上丰富了中国当代诗歌。他指出：

> （《快乐如菊》）诗句朗朗上口，充满思辨的色彩。更主要的是，它通过对情爱理解性的书写，在表达成熟女性细腻情怀之余，较好地把中国传统诗歌的格律美和音乐美体现出来……区别于她的第一本《当暮色渐蓝》，《快乐如菊》便发生巨大变化，是寻求突变，还是情境使然？她把一种冷静的凝思融入诗行。诗的格调得到提升，诗境、诗美也起了变化。我过去偏执地认为，女诗人注重感性，男诗人注重哲思。但萨仁图娅的努力探索校正了我的看法，我想这跟诗人深厚的文化底蕴有直接关系。情诗只有上升到理性的高度，才能深入读者的骨髓。因为我们读过太多的

① 内蒙古师范大学中国少数民族作家研究中心编：《萨仁图娅研究专集》，北京：中央民族大学出版社，2005年版，第137—138页。

爱情诗，而真正让我们心动的又有几首呢？①

魏德广以独特的视角解读《快乐如菊》。他认为萨仁图娅之所以能够写出如此独特的爱情诗，重要原因在于她是一位成熟的女性，拥有着丰富的社会经验，有着极高的道德感：

她的爱情诗与那些表现少男少女纯情的作品的根本不同在于：纯情诗着意于爱的感情抒发，而萨仁图娅的爱情诗则着意于爱的多重滋味多重色彩，那是一种成熟人生的百味渗透。其实，爱情诗并不拒绝大胆，只不过它往往并非在直接抒情，而是借助象喻，婉转达意。更有咀嚼性，才能从深层次上打动人心。②

他认为，萨仁图娅诗歌具有的独特魅力和奇崛风格，与诗人对待逆境的态度有着极其密切的关系：

萨仁图娅曾从逆境的泥淖走出，她学会了坚忍，学会了坚强。她在《神女峰》中写道："满怀希望就无所谓痛苦／裸露的灵魂很坚强／孤立无援支持自己。"逆境成就了一个诗人的事业，逆境的雕刀使她的诗歌充满了曲折，充满了奇崛，充满了魅力。萨仁图娅的爱情诗，是她写给这个世界的告白。历经磨难的心灵是无瑕的，是水晶样透明的，那么这个诗人也是像水晶一样透明的。③

---

① 内蒙古师范大学中国少数民族作家研究中心编：《萨仁图娅研究专集》，北京：中央民族大学出版社，2005年版，第146页。
② 内蒙古师范大学中国少数民族作家研究中心编：《萨仁图娅研究专集》，北京：中央民族大学出版社，2005年版，第141—142页。
③ 内蒙古师范大学中国少数民族作家研究中心编：《萨仁图娅研究专集》，北京：中央民族大学出版社，2005年版，第143—144页。

# 第五章
# 本色是诗人（二）：走向天籁

　　在连续出版了两本诗集之后，萨仁图娅的诗歌创作进入一个新的阶段，并创造了新的辉煌。在此后不到10年的时间里，她陆续出版了《心水七重彩》《第三根琴弦》《梦月》《天地之间》《梦魂依旧》等5部诗集和蒙文版《萨仁图娅诗集》，均获得了广泛的好评，得到了读者的喜爱。她的诗歌风格逐渐走向成熟，影响也不断扩大，成为国内具有代表性和居于引领地位的少数民族诗人之一。在漓江出版社1993年出版的《中国少数民族当代文学史》中，萨仁图娅是唯一一位得到重点介绍的蒙古族女诗人。

诗歌创作，是萨仁图娅一切文学创作和文化活动的原点。以诗讴歌生命和民族精魂，是贯穿她的文学人生的一条主线。以诗的方式把握情感、生命、社会、民族、历史、文化，使萨仁图娅得以不断地走向更为广阔的世界，也使她拥有了一个无比丰富、深刻的人生。

## 第一节
## 新的辉煌：从《心水七重彩》到《梦魂依旧》

在连续出版了两本诗集之后，萨仁图娅的诗歌创作进入一个新的阶段，并创造了新的辉煌。在此后不到10年的时间里，她陆续出版了《心水七重彩》《第三根琴弦》《梦月》《天地之间》《梦魂依旧》等5部诗集和蒙文版

《心水七重彩》与《第三根琴弦》

《萨仁图娅诗集》，均获得了广泛的好评，得到了读者的喜爱。她的诗歌风格逐渐走向成熟，影响也不断扩大，成为国内具有代表性和居于引领地位的少数民族诗人之一。在漓江出版社1993年出版的《中国少数民族当代文学史》中，萨仁图娅是唯一一位得到重点介绍的蒙古族女诗人。

从总体上来看，萨仁图娅这一时期的诗歌，"以永不枯竭的'爱情'抚慰着宇宙人间一切具有灵性的事物和心灵，用自身特有的'女性的''情人的''母亲的'博大精神情怀与卓然的诗性光芒去照耀宇宙万物的同时照见自

我，其本真生命的自在律动与独具个性的精神韵致在艺术创造中总是恰如其分地渐次呈现。在对自然物象的深度关怀中，努力融合透视出语言与灵性的光辉"[1]。具体到每部诗集，都有着属于自身的独特的思想价值和艺术价值，也在一定程度上反映了作者写作时的心路历程与艺术追求。

# 一、《心水七重彩》

在创作第二本诗集《快乐如菊》的过程中，萨仁图娅进行了大胆的探索与实践。这种探索，有成功之处，也有不足之处，成功远远多于不足；有得有失，得大于失。在冷静地分析了《快乐如菊》的得失之后，萨仁图娅的诗歌抒情方式发生了第二次转变。变化在《心水七重彩》和《第三根琴弦》两本诗集中得到了充分的体现。评论家认为，萨仁图娅的"这次变化很明显，既是对她早期浪漫主义诗风的回归，又是对《快乐如菊》这种现代主义或者古典味的现代诗风的重构与改铸"[2]。

《心水七重彩》是一本爱情诗集，1990年由沈阳出版社出版。这些爱情诗的特点是"在内容上用心灵美、语言美、形式美来描绘爱情美，揭示爱情的秘密和极致，演绎爱的法则"[3]。爱，在萨仁图娅的生命中具有无可替代的地位。从《〈心水七重彩〉补记》中，我们可知，在她的心目中，爱几乎是生命的全部，是世界的全部：

> 最神秘的一种感情，叫爱。最无价的一笔财富，叫爱。最难
> 解的一个谜，亦是爱。爱能缤纷风景。爱能明亮太阳。爱能光辉

---

① 罗庆春编著：《萨仁图娅 栗原小荻短诗艺术研究》，重庆：重庆出版社，2003年版，第3页。
② 李万庆：《走向"天籁"——萨仁图娅诗歌创作综论》，《民族文学研究》，1994年04期。
③ 戴言：《凌阳集——戴言诗文汇编》（中卷），香港：海天出版社，2022年版，第204页。

月亮。爱是情感永恒的音乐，让魂灵在韵律中发掘潜能焕发彩芒。爱是生命燃烧的熔点，让凡人在超凡过程获取活力而雄壮。爱是生活天空的太阳，把一切温暖灿亮。爱是状态，妙不可言。

她对爱有着独特的理解：

> 爱是行动，倾其所有。爱之花最芬芳，最易汹涌泛波浪。爱使人聪明，也使人愚蠢。爱使人勇敢，也使人疯狂。爱的定位，在于将自己的快乐放进别人的快乐里。爱的真谛，在于一颗心换取另一颗心。爱是一种命运，有的人终其一生而求之不得，有的人极力逃脱，却落入旋涡。爱是一种机缘，有时也是偶然之中的必然。①

可以说，在《心水七重彩》中，我们读到更多的是萨仁图娅对爱的深刻理解、对真爱的热情讴歌、对爱与人生关系的冷静思考。这些诗歌以真实的心灵图像与回波，反映与表达出爱的各个侧面——爱的滋润营养，爱的幸福充实，爱的神秘朦胧，爱的自感心理，爱的光环效应，爱的感激，爱的秘密……诗集中收录的诗歌，在语言、结构、意象营建等方面均具有一定的特色。诗人以通俗的语言、精巧的结构、独特的意象，传达了细腻的感受和丰富的体验。

杨四平和董燕在《人生有梦 诗心是月——评萨仁图娅的爱情诗》中，高度评价了《心水七重彩》在表现人类情感上实现的突破。他们写道：

> 诗人高举情感的大纛，使我们品读之后深切感到一股质朴率

① 内蒙古师范大学中国少数民族作家研究中心编：《萨仁图娅研究专集》，北京：中央民族大学出版社，2005年版，第365—366页。

真的情感从心底袭来：

"邀你，共同寻找那朵玫瑰／当梦在季初塑成律动的蓓蕾／多谢这条布满荆棘的小路／指引我与你隔着薄雾不期而会。"（《邀你，共同寻找那朵玫瑰》）

"只因了这个神圣的字／我的月亮圆了许多／虽然全部力量／只是这渐蓝的暮色。"（《只因了这个神圣的字》）

"本想微笑／却热泪流淌／我躯体和灵魂／随你芳香气息回荡／来到岸边／每天都是一海波浪／倾听身外一切／整个自然在歌唱／身边有你梦正忙。"（《本想微笑却热泪流淌》）

"除了在这至高无上的时刻，心灵？才瞥见如此众多的繁星／凝视你，燃烧我全部热情／不论多远多近／不论有雾抑或透明／你总在赫赫光辉中游动／在茫茫云雾里飘忽不定／恩典仅仅赐予痴迷与真诚／爱情，有一千双眼睛。"（《爱情，有一千双眼睛》）

诗人以真实的心灵图像，反映与表达出爱的侧面——爱的营养滋润，爱的幸福甜蜜，爱的犹豫矛盾，爱的浪漫追忆……从中映现出一位具有丰富精神内涵的爱者与诗人的形象。[1]

冯金彦在评论文章《等待风声——评萨仁图娅的〈心水七重彩〉》中指出，《心水七重彩》在3个感情层次上传达着诗人对爱的理解和态度。第一个层次是爱的感激：

她的不少诗作，用动人的声音讲述的便是一些令她动情的往事，她对知音的感激，这几乎成为她的一种爱情观念。

---

[1] 内蒙古师范大学中国少数民族作家研究中心编：《萨仁图娅研究专集》，北京：中央民族大学出版社，2005年版，第80页。

诗人寻找到了自己的真正爱情，她为这爱情激动着，并倾吐爱的感受。她思念对方。用心数着分离的日子。听风总像你的手，在敲打门环。文字含蓄、形象，很细腻，准确地写出了一个为爱情而颤动的心灵的期待。

他认为第二个层次是爱情的困惑：

在诗集中，有不少诗作，诗人捕捉到了瞬间的感受和困惑和无可奈何。她奇怪她的心灵上，怎么爬上了她认为不该有的情思。这一部分诗是诗人在爱情创作上的觉醒之作，尽管一下子醒不过来。她觉得爱那么不可知，不解于握自己于他人之中的爱之力。当然她无法抗拒的力量产生了抗拒的愿望。

他认为第三个层次是体悟人生：

她从对爱情的感受中提炼出对人生的体悟，而不再是去表达一段感情，她要用那段感情去照射人生……她不停留在你想我，我思念你的情感湖面作浮萍，她用爱表达自己的人生观念。①

## 二、《第三根琴弦》

《第三根琴弦》，1991年辽宁民族出版社出版。在《第三根琴弦》中，萨仁图娅营构的诗美世界的边界再次得到拓展。一是在诗风上，在向浪漫主义进一步回归的过程中，更多地融入了古典美的因子；二是诗歌更为强

---

① 冯金彦：《等待风声——评萨仁图娅的〈心水七重彩〉》，《辽西文学》，1990年第2期。

烈地凸显出阳刚之气和豪迈情怀；三是诗歌的主题变得愈发恢宏博大，更加注重关注历史命运、民族精神和人生的终极意义；四是实现了个人在文体上的突破。《第三根琴弦》是萨仁图娅的第一本散文诗集。散文诗兼有诗歌与散文的特点与长处，萨仁图娅准确地理解了这种艺术形式的特点，既写出了诗歌的精致与优美，也写出了散文的自由和轻松。

老作家单复欣然为《第三根琴弦》作序，并精准地提炼出这部诗集的主要特色。他认为，冷静与热烈相融，是诗集的第一个特色：

> 她以冷静的心思，写热烈的感情，使我感受到她的纯情和真挚的爱；她独特的个性，女性的敏感和潇洒；她的绚丽的色调和疏朗的情怀；她的深沉的历史感和聪颖的悟性。

他认为清丽、婉约和豪放、雄壮的美学风格并存，是诗集的第二个特色：

> 萨仁图娅像个双脸女神，她富有女性的温柔和纯情，又具有男性的阳刚之气和豪迈的情怀。她的爱情诗，有如"炽热的光柔情的光如春潮澎湃如秋水绵绵"。她的另一些诗，则具有大漠儿女飞马驰骋，坦坦荡荡的豪放。

他认为诗人具有敏锐的感觉和新鲜的观念，是诗集体现出的第三个特色：

> 她和同时代的年轻诗人一样，用自己的心拥抱世界，世界在他们的心怀里有千万种回声，以千万种崭新的意象表现着千万个世界。①

———————————

① 萨仁图娅：《第三根琴弦》，沈阳：辽宁民族出版社，1991年版，第3页、第5—6页。

朱铁志在读到《第三根琴弦》后发出赞叹：

> 从拂晓的山间走出，从黄昏的海边漫溢，热烈，但不轻狂；汹涌，却不恣肆，那就是萨仁图娅的诗行。
>
> 展读这些成行不成行的诗句，时时感到一种力的冲击。山水寓意，花草寄情，分明有一个不甘寂寞、不甘平庸的灵魂在痛苦地挣扎。在茫茫草原上，"没有路的地方到处都是路"，"走出自己的视野才能走出真正的自己"、真正的人生。即使迷失了、跌倒了，也要忍受痛苦，因为"负有责任的爱才充满希望"，"最恢宏的痛苦"往往"蕴含真正的人生"。这样一种信念，这样一腔情怀，比无边的草原更辽阔，比深邃的蓝天更高远。有了它，女性的诗行才有了烈马奔突般的雄健，有了它，岁月的皱纹才有了秋水般的舒展。

朱铁志认为，在写作《第三根琴弦》时，诗人的追求是实现自然、社会、人生几根琴弦与心弦的共鸣：

> 在萨仁图娅的世界里，自然、社会、人生，在诗的坐标上集拢，彼此交汇，相互包容。诗的咏叹中有哲学的深思；哲学的深思中有诗的吟咏。于是，在喧嚣的世界里，我们感到一种草原的清纯、理性的宁静——那是一种诗化的理性，是一种诗化的人生。①

朱先树的评论文章肯定了萨仁图娅在散文诗创作上所做出的努力。

---

① 朱铁志：《不倦的歌者——〈第三根琴弦〉读后》，《光明日报·文艺论坛》，1993年4月14日。

萨仁图娅开始写散文诗，是在九寨沟参加笔会时。

> 新鲜、优美、强烈的自然感受，需要迅速地记录和表现。散文诗似乎是最好的一种艺术形式了。不过，萨仁图娅毕竟对诗的艺术形式的运用更得心应手，因此，她的散文诗与诗的血缘也许更近些。……这里的语言形式不押韵，也不分行，是散文的表现，但它形散而神不散，题旨的发现，意象的营造，都是完全诗意化的，是诗的表现。……作为诗人的萨仁图娅，她的散文诗是不可能与诗真正划清界限的，不过在艺术表现上，它至少证明了作者在自觉追求着，随时想突破自己，而获得一种新的艺术表现的自由。

当时，朱先树也敏锐地捕捉到，萨仁图娅有着草原、大漠的胸襟，她的诗歌，蕴含着强烈的历史意识和民族情怀。这也是诗人在此后的创作中不断强化的一种艺术特色。朱先树谈道：

> 她（萨仁图娅）不但坦荡豪放，而且对生活对历史都有着自己独特的认识和理解。如《放歌牛河梁》《普陀宗乘读碑》，以及《热河泉歌吟》《昭君墓感怀》等。……特别是对历史命运的思考，对民族精神、人生意义的认识和揭示，对这种恢宏博大主题的概括和表现，则说明了女诗人并非只是儿女情，而且颇有不让须眉的英雄气概。[1]

《第三根琴弦》责任编辑朱虹撰写的书评，同样对这本诗集做出了中肯的评价：

---

[1] 朱先树：《对自然 社会 人生的感悟与歌吟——评〈第三根琴弦〉》，《诗刊》，1993年第6期。

> 读萨仁图娅的诗，使我深刻地感受到，她作为一个大漠的女
> 儿的民族的豪情……诗人在表现民族性格方面，善于抓住事物的
> 特征，由具象而抽象，增强了诗的哲理含量，扩散着诗的抒情意
> 味。读萨仁图娅的诗，给我的另一个感受是她的爱情诗的纯真。
> 在哲人的心目中，也许永远不会有纯情的季节，然而对于诗人，
> 却是情也悠长，梦也悠长，总也走不出意惹情牵的伊甸园。

朱虹将萨仁图娅的诗歌与另一位著名的蒙古族女诗人席慕蓉做了比较：

> 萨仁图娅的诗在精神内涵和风格上都与席慕蓉有所不同，她
> 的诗风疏朗明快，也更鲜明地表现出生命的觉醒意识和人生价值
> 的真实性。①

## 三、《梦月》

《梦月》是一本爱情短诗集，1993年哈尔滨出版社出版。1997年，《梦月》获得了由辽宁省作家协会、吉林省作家协会、黑龙江省作家协会联合评定的"东北文学奖"。

与作者此前出版的诗集不同的是，在《梦月》中，疏朗、爽利的抒情基调得到了进一步强化，在以诗性心灵观照世界的过程中，更加强烈地凸显了精神深度、情感浓度与灵魂向度。

萨仁图娅在诗集后记中的所思所感，印证了上述特点：

> 月亮寄挂天上，清辉缓缓散播，而灵魂透过岁月，心灵的欢

---

① 朱虹：《莽莽草原的乐章——评萨仁图娅的诗集〈第三根琴弦〉》，《中国图书评论》，
1992年第4期。

愉和凄苦中点点滴滴地渗出晶晶的水珠，汇成一泓月亮川，倾泻着我的情感，也流淌出这本短诗集，使欢乐结晶，也使痛苦沉积。

跋涉在人生途程，徜徉于苍茫山水，寻根到草原马背，自然有许多声音，有一份感觉，更有缤纷的梦，走向天籁，在月光与语言的芒上，诗对我是一种灵魂的提升，诗句流动的轨迹呈现灵魂的疆界。[①]

朱先树在为诗集所作的序言中指出，萨仁图娅的《梦月》，在表现心灵与实现事物的心灵化上，做出了极大的努力，也取得了成功。他谈道：

在诗歌创作上，她总是缤纷的梦，总有新作问世，并且不断求新，不重复自己，但她的诗的感情基调则又总是充满女性的温情与柔美，如明月在天。

萨仁图娅在艺术创作追求上是十分执着的，她在追求一种变化和超越，随时都在以新的面貌展示心灵，而我以为她的努力也是成功的。诗不同于

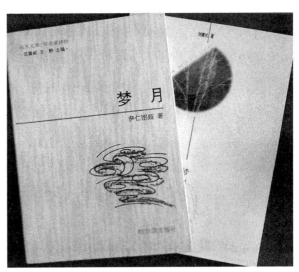

萨仁图娅著《梦月》与台湾诗人刘建化同题创作的《梦月心曲》

① 萨仁图娅：《梦月》，哈尔滨：哈尔滨出版社，1993年版，第115页。

小说、散文等文学样式的地方，也许就是诗的表现更加心灵化。诗所表现的对象，许多时候往往就是直接的心灵，而表现心灵的感觉和情绪是一种很敏锐细微的捕捉。萨仁图娅在这部诗集中的许多作品，都可以看出这种特点。①

萨仁图娅诗歌的另一特色，是以心灵化的形式表现客观事物。她善于直接将心灵作为表现和描写对象，收到了良好的效果。朱先树以诗集中的两首诗为例进行了分析：

如《双虹》："从绿草与蓝天之间／结伴向秋延伸／雨　漂洗飘逸的衫／风　吹拂七彩的裙／如何走出困圃走出隐秘／在不胜寒处相映相辉／引渡想象的风与云。"这是草原的特殊景观，充满动感与美感，给人以生命的活力。其实这一切都是诗人心灵情感投入的结果。又如在《特木尔乌尔虎》中写王昭君，这并不是一个新鲜的题材，但在诗的结尾，诗人突然写道："千秋功罪葬入土亦有人评说／女儿怨情与受伤的心有谁在意／与其死后许多光环笼罩坟头／不如生前还其爱与被爱的权利。"这是一种新观念新认识，是对历史事物的新评价，启发人对历史事物重新去思考感悟。②

好的诗歌往往来自心灵，也是为心灵而生的。罗庆春与王璐以此为视角，对《梦月》给予了高度评价：

走进蒙古族女诗人萨仁图娅的抒情短诗集《梦月》里，我们感觉到的不是一个马背上的民族后代的强悍与坚韧，而是一个多情女诗人在生命的雨季里心灵的独白：这里有梦里自由精神的律

①② 萨仁图娅：《梦月》，哈尔滨：哈尔滨出版社，1993年版，第1—3页。

动、有现实中爱的情愫的彰显，以及对生命的无限憧憬、永不枯竭的梦想。①

他们认为，萨仁图娅善于从心灵出发，去表现精神价值，爱是内在于萨仁图娅心中的强大的推动力，她乐于以爱去推动心灵、去思考生命与精神的价值：

> 在《梦月》里，作者借蕴意丰富的"水"和"月"等留下自己内心生活的烙印。来观照自己，认识自己，思考自己，同时把外在世界和内在世界作为对象，提升到自己心灵的面前，从而超越外在的事物，表现自身深邃的灵魂。
>
> 作者在诗中描绘着爱的两情相悦，倾诉着爱的相思，也体验着爱的幸福；灵魂的水声充满爱的怀想，也充满了作者对远离现在时间和具体空间的遥远的向往。在爱中，作者拟自己为水，既有水的柔情温婉，又具水的灵性与激情澎湃。彰显出一种真实的爱的体验，无法掩饰地享受爱情的甜蜜幸福。这是作为一个女诗人普遍存在的对理想爱情的向往，但诗人也体会到在短暂的幸福瞬间里，痛苦是长相伴的。只有痛苦才有对幸福的向往和追求，这是社会进步的规律，绝对完美的爱情和幸福只存在于遥远的彼岸世界，也正如此，它才会吸引芸芸众生朝着彼岸乐此不疲地跋涉。②

朱赤在评论中认为，在《梦月》中，诗人创造了一个静美的自然世界，营造了一个美丽的情感世界：

---

①② 罗庆春编著：《萨仁图娅　栗原小荻短诗艺术研究》，重庆：重庆出版社，2003年版，第91—94页。

读萨仁图娅的《梦月》，就会被她女性特有的细腻诗文所倾倒，被一种温馨柔美的情绪所摇撼，使你随之也纯净起来，温柔起来……生命以月亮的精魂出现，是诗是歌是梦是幻，生命透彻如一泓清泉，如中天月色，人世间的万千尘嚣，皆被她诗心沉淀，如秀湖上的月色轻舟，四野寂静得软绵绵的幽雅，只闻偶然几声呼唤乳名的亲切声音，茫茫水汽而来。

以云以水以月的景象为载体，尽情倾吐她对大自然的颖悟，对生命的眷恋，对故乡故土的深情，对人世聚合的嗟叹，无不以情结，使之达到诗美的境界，定是萨仁图娅诗集的突出特色，不妨我们随便审读她的任何一首诗作，就会发现以水、以月、以云的抒情，含情脉脉，多角度、不落俗套、不空泛、满含真挚。①

## 四、《天地之间》

《天地之间》，1997年中国华侨出版社出版，是由9个篇章构成的长诗。长诗表现的分别是旅者：时光是永不疲惫的坐骑／出发与抵达／旅者命定在路上；爱与被爱者：无论是心灵相伴灵魂／还是向远方祝福知音／爱是爱者深及骨髓的自焚；牧者：放牧命运在自己的路上／与远山远水相遇成风景／牧者乘敕勒歌飞翔；耕耘者：向土地播下种子和希望／每株作物都是路标／耕耘者艰辛与喜悦握在手上；学者：那枝金枝／在于皓首穷一经／学者是存在之思；舞者：踏云的翩跹／如同一种水的流动／舞者如羽；持烛者：住在一盏灯里／隶属于阳光／持烛者的节拍弹响；推动文明进程者：世纪回望／推动文明进程者／把一代民族灵魂召唤；歌者：长歌不

---

① 内蒙古师范大学中国少数民族作家研究中心编：《萨仁图娅研究专集》，北京：中央民族大学出版社，2005年版，第167—168页。

歌／我爱的人和所爱的一切／在歌中美丽与怀想。在《天地之间》中，诗人审视与观照的是更加宏阔的空间，触及的是更加切近生命本质的深层次问题，产生的是思想的力量和智性的光辉。在萨仁图娅看来，"诗人之所以为诗人，应该有对生活的整体把握与别具慧眼的观察，有着对世界灵性与智性的审美建构，有着对心灵真情诉说与倾心告白。历史的沧桑感，时代的作证感，社会的责任感，相互交织，是诗人的特质。站在世纪门口看诗，有着不能令人乐观的忧患，当然有商化、物化对诗的冲击，消费对审美抵销所造成的文学功能位移，还有缺少精神营养就面临失落自身的危机，作为诗人，我首先问自己"[1]。因此，对于诗人来说，创作这部长诗，是一次超越的精神之旅，诗性之旅。她将"放飞的诗魂与灵魂对焦。在天地之间，将生命意识与宇宙意识相互交汇成韵律的交响"[2]；对于读者来说，阅读《天地之间》，也是一次在生命、社会、宇宙等各个层面，透视人生的真相、生活的意义、奋斗的价值的美好历程。

诗人华舒长期关注萨仁图娅的诗歌创作，他在关于《天地之间》的评论中谈道：

> 如果说她过去的精短诗作表达的是一种灵动的诗情的话，那么她的长诗则是深刻的思想。当然，这还是月光一样的思绪，是冰清如水的月光。
>
> 这里写的旅者、爱与被爱者、牧者、耕耘者、学者，等等，都是天际之间的芸芸众生生命形状，是他们支撑着这个世界。他们以自己的方式、自己的人生创造着社会，创造着历史。作为生产力的第一要素，他们展示给人类，展示给人类历史的是自己独

---

[1] 萨仁图娅：《天地之间》，北京：中国华侨出版社，1997年版，第99页。
[2] 萨仁图娅：《天地之间》，北京：中国华侨出版社，1997年版，第97页。

特的劳动，无论是体力的，还是脑力的，抑或情感的。在历史的
浩浩长卷中，他们密密麻麻地排列在一起。每一种人生都是一片
天地，都是自己独特的情感和情感方式。这样的题材，这样的主
题，成就了诗人萨仁图娅。①

海阔的评论认为，萨仁图娅的《天地之间》，在结构方式、总体语言印
记、意义指向上所呈现出的新的情状，是她的人生体验转化的结果：

> 《天地之间》在结构方式上主要运用现代主义，叙述表层充溢
> 着智性；在总体语言印记上，具有浪漫主义素质，显示出雄浑的
> 气象和开阔的意境；在意义指向上，具有经典情怀，中国文学所
> 持守的历史沧桑感蕴涵其间。智性的结构、旷远的情思、厚重的
> 使命在三个层面为诗营构了一种"大气"。它的目的在于为阅读带
> 来审美接受和智性启迪，为人类生存建构一种范式。它源于诗人
> 三种人生体验的转化。草原文化背景为诗人提供了一种视野，使
> 她有可能把目光投向更为广阔的空间；女性的独特经验为诗人提
> 供了一种角色，使她有可能透视长期禁锢女性的菲勒斯文学传统，
> 达到无性别在场的高度；个体经过30年的诗歌创作，介于世纪之
> 交，提供了一种智识，使她有可能对诗、对人生、对世界产生超
> 越，达到非个人化的境界。②

林爱华认为，从《天地之间》可以看出，萨仁图娅不仅是一位诗人，
也是一个歌者：

---

① 内蒙古师范大学中国少数民族作家研究中心编：《萨仁图娅研究专集》，北京：中央民族大
学出版社，2005年版，第73—74页。
② 内蒙古师范大学中国少数民族作家研究中心编：《萨仁图娅研究专集》，北京：中央民族大
学出版社，2005年版，第240—241页。

她把思绪放飞于天地之间，以诗人的责任和使命在观照着、审视着、歌吟着、叩问着每一种生存状态……同样是旅者，诗人行走的同时，努力使用新眼睛审视着种种生命状态：牧者放牧自己的命运，耕耘者播下种子和希望，学者固守着人类的良心，舞者挥洒着精神和灵性……每一种生命状态都具有独一无二的魅力，每一种独一无二的魅力相互辉映成生命的华彩乐章。[①]

尤雪茜认为，从《天地之间》可以看出，好的诗歌，应该是时代精神升华后的产物，是诗人真诚感情的结晶，是从现实生活中绽放出的生命之花。她谈道：

> 作为诗人，萨仁图娅首先想到的就是要用热忱的文学精神唤醒曾经沉睡的心灵。对社会、人生的热爱促使她摒弃了那些风花雪月柔媚绮靡的诗歌，在她看来，那些诗是灵魂的装饰品，要想真正获得心灵的警醒重振诗心，就应该关注那些现实的无名的芸芸众生相。确实，诗人就应该把眼光投到人民大众身上，而不是亭台楼阁、缤纷落英的无谓描绘和抒情上，诗人应抓住时代的精神，时代的主潮，时代的激情，时代的脉搏。
>
> 萨仁图娅的诗集《天地之间》可以说把住了生命的车轮，表现出一个肩负沉重使命感的有责任心的诗人的深沉的奋进的人生情怀，是对当今中国最可宝贵的人物精神的雕塑，有深沉的生命感、运动感，她的整部诗集让人感受到奋进、挣扎、不畏艰难、不断探索的人生品格，感受到情感与意识的热度、温度和气度，

---

① 内蒙古师范大学中国少数民族作家研究中心编：《萨仁图娅研究专集》，北京：中央民族大学出版社，2005年版，第242—243页。

感受到金子般诗美的闪光。①

在李焕新看来，创作《天地之间》，是萨仁图娅在无限的时空中表达高
远精神境界的过程：

《天地之间》与《梦魂依旧》

我国诗学体系把诗歌的创造归结为言志、缘情、意象、创境、入神这五种境界，诗集《天地之间》就以其独特的视角和想象力，以诗的精神载体，放飞的诗魂与灵魂对焦……抒发和歌颂了创造世界的"文明的推进者"。同时在诗的行间，总闪烁着上述谈到的五种诗的境界。而且在出神入化的迷离意境中，展示了作者诗魂一样的才能。②

① 内蒙古师范大学中国少数民族作家研究中心编：《萨仁图娅研究专集》，北京：中央民族大学出版社，2005年版，第220—221页、第223页。
② 内蒙古师范大学中国少数民族作家研究中心编：《萨仁图娅研究专集》，北京：中央民族大学出版社，2005年版，第245—246页。

# 五、《梦魂依旧》

《梦魂依旧》，辽宁民族出版社1998年出版，1999年获辽宁省新诗学会评选的首届"辽宁新诗奖"。诗集收录了93首诗歌，绝大多数为萨仁图娅新作。共有七辑，分别为辑一《爱之约》：风约楚云／时间之内时间之外／相对沧浪水；辑二《爱之吟》：午梦天心／摘下面具的本我／心灵向你悄语；辑三《爱之忆》：依旧梦魂／过去的尚没有过去／两个人的世界追忆；辑四《爱之恋》：梦者再梦／相互吸引的两极／叶叶梧桐细雨；辑五《爱之延》：关山今夜月／寄一枚枫叶的典故给你／自东方的北地；辑六《爱之观》：钟情自然／迎迓山水的美与美感／是爱的扩大与伸延；辑七《爱之说》：至爱人生／站在特定的三生石上／以生命的全部给爱命名。

《梦魂依旧》是一部以爱为主旨的抒情诗集。爱情诗是萨仁图娅诗歌创作的重要题材，甚至可以说是主要题材之一。这本诗集中的新作，比较集中地反映出萨仁图娅诗歌创作成熟期的一些特点。

在诗歌创作进入成熟期后，萨仁图娅对爱的理解与表达也更趋成熟。在《梦魂依旧》自序中，诗人道出了这种转变：

> 站在属于自己的三生石上，我守望，守望心灵及心灵中充盈的爱。
>
> 爱同样属于成熟的年龄与成熟的季节，属于梦魂依旧的心，属于婉丽清新的诗，属于澄明高远的寄托，属于真实充盈的生命。
>
> 站在特定的三生石上，我感事怀人而直抒胸臆，以灵魂的私语进入生命审美的境地，追求情感的张力但亦扬亦抑，力求诗意的美感和诗艺的质感相结合，努力使自己的诗空灵而质实，明朗且含蓄，简约又凝重。①

---

① 萨仁图娅：《梦魂依旧》，沈阳：辽宁民族出版社，1998年版，第1—2页。

守望心灵及心灵中充盈的爱，是萨仁图娅作为诗人的宿命，也是她一直追寻的梦，人到中年，梦魂依旧。在成熟的年龄和成熟的季节，诗人对婉丽清新风格的坚守，对澄明高远境界的追求，对真实充盈的生命的讴歌，对爱的体验，对美的探索，也达到了一个新的高度。

周怡宏在谈到研读《梦魂依旧》的感受时说：

> 靠一张躺椅，沐一束阳光，品一盏香茗，细读《梦魂依旧》，任她渗入我的全身和纷繁的思绪，读书并不是看文字的简单排列，而是经历一次灵魂的洗礼，渐渐地，我的心归于平静，因为在《梦魂依旧》中，最终找到了自己用一生寻觅的东西，我找到了我的爱，找到了触动心灵的爱的声音。①

宇金在诗评中指出：

> 萨仁图娅是一个真正的诗人，同时她也是一位名副其实的歌者。她用她的诗消解我们的困惑，她像一只快乐的琴鸟，反反复复地弹奏人世不灭的情爱，表述永恒的心声。她能让你触到月亮的光芒，嗅到阳光的味道。这样在你所谓的逆旅中，你心中的无助和寂寞会随风沉默。你的目光更透彻、晶莹，你的脚步更从容。②

姚翔宇强调，萨仁图娅的诗融进了她的体验，是一种成熟爱情的表达：

---

① 内蒙古师范大学中国少数民族作家研究中心编：《萨仁图娅研究专集》，北京：中央民族大学出版社，2005年版，第208页。
② 宇金：《给生命一个盈盈支撑——读萨仁图娅诗集〈梦魂依旧〉》，《辽西文学》，2000年第3期。

她没有用官能的刺激来哄骗吸引读者，她忠实于自己的情感
体验。她的诗不是浅薄的儿女私情的描写，也不同于一般爱情诗
那种纯情的抒发，而是一种理性、智慧和情绪的水乳交融，因而
显得更真挚、深沉、从容，这也是萨仁图娅的特殊之处。[①]

## 第二节
## 坚持为生活、时代、民族而歌

新世纪特别是进入新时代以来，在诗歌创作上，萨仁图娅依然保持着
旺盛的创作力和激情，并且不断地拓宽视野，增加作品的文化含量，提升
作品的精神高度。在诗歌创作上拥有的天赋、强烈的使命意识和持久不衰
的热情，加之一如既往的勤奋，使萨仁图娅创作出了更多的优秀作品，并
多次获奖。这些作品，多刊载于国内外重要诗刊、文学期刊和各大主流报
刊，并被选入多种文集。近年来，随着新媒体的发展，萨仁图娅的新作也
屡屡被多家新媒体平台刊载、转载，备受好评。

## 一、吟咏生活与生命

这一时期的诗歌，如根据主题划分，主要有三类。第一类，是吟咏爱
情、人生，思考生命价值、宇宙奥秘的作品。在萨仁图娅早期创作的诗歌
中，此类作品较多。新世纪以来，随着年龄的增长和情感世界的进一步成
熟，萨仁图娅创作的此类诗歌，既反映了知识女性丰富多彩的精神世界，
也融入了一个久经世事、沉淀人生后的诗人对于生活、生命、世界的理解

---

① 内蒙古师范大学中国少数民族作家研究中心编：《萨仁图娅研究专集》，北京：中央民族大
学出版社，2005年版，第202页。

2017年，萨仁图娅荣获"中国新诗百年百位最具实力诗人"奖

与认知。这些诗歌，从抒情基调上看，依然保持着清丽、温馨、静美的底色，同时增加了更多富于理性的元素，并体现出时代的丰富内涵。从中，我们能够体会到诗人更加坦荡的胸怀、更加真挚的情感，品味出更加成熟和丰富的人生况味。在笔者的视野中，最能反映上述特色的诗作主要有《乡情》《时光之上》《回故乡》《因为月光》《走过流年的山高水长》《我的爱在你身旁》等。

## 乡　情

这个词汇早已生成／或许就像铜色的谷粒／连同高粱大豆庄稼一样／生于或肥沃或贫瘠的田垄／／

甚至如同遍野的青草／朴素地自然而生／连同生长的相思树／梦魂知忆桑梓情／／

每当月明的夜晚／微妙地回荡并弥散着旋律／万物之上的天籁之声／亲切而久远地震颤所有神经／／

一种内心的指向／最深的根茎／在于绵长的超越性／人与之相伴终生／／

## 时光之上

时光之上／且听风的吟唱／几许自在飞花之韵轻似梦／年华穿越便是华章／／

时光之上／许我鸿雁的翅膀／云山长空锦书可托／四季轮回山高水长情长长／／

时光之上／岁月穿梭而去白云在场／阳光下烈烈穿云裂帛／月光中月桂枝头抱香／／

时光之上／心向诗意的远方／长调一般的悠长饱满／在一片草原相伴牛羊看斜阳／／

时光之上／无关岁月光影拉远满袖花香／红尘陌上执念写成铭心刻骨／我的爱一如既往／／

## 回故乡

一片瓦蓝的天空／一栋石块垒砌的土房／一口摇把吱嘎作响的老井／一棵结满串串榆钱的树王／人在路上／心念故乡／／

风吹我向远方／风送我回故乡／向远方是回故乡的一种方式／回故乡是性灵漂泊的归宿怀想／陌上花开／墨守流光／／

烟花那堪剪／明月我在望／当年离乡的挥别／并未抹去童年的过往／渐行渐远／思乡如常／／

## 因为月光

月光　因为月光／有一份渴意深深对水的向往／放舟于无边的海上／不要问来自哪里去向何方／黄鹤的消息在远飞的云中／

岁月长长　去路长长//

月光　因为月光／一缕芳魂无需风吹自行飘荡／命运牧者一生一世的追寻／梦是飞起来的翅膀／李白的静夜等待风声／而浓而重总有冰轮悬在心上//

月光　因为月光／银汉无声谛听天籁深刻幻象／四周是夜驰心向外／背负一种使命渐近辉煌／远足之途意愿由来已久／心音洒落定有一些什么生长//

### 走过流年的山高水长

一指流年／万千景象／时光编写的程序／交错轮回不声不响／寄予着宇宙本能的力量／你我走过流年的山高水长//

一抹时光如水流淌／一颗无尘的心守望／烟火人间的驿站／我只想以我生命的形式／和这个世界相遇相爱一场／留住时光触摸过的印痕和过往//

一程岁月渡岸／一生梦短情长／人追问自身存在的意义／因此深邃因而悲壮／脚步与一颗无尘的心同一方向／赴光阴之约与花香相拥过往//

## 二、不懈地为民族文化而歌

第二类，是书写蒙古族民族风情、吟咏草原生活、回望草原历史、溯源民族文化，进而升华民族精神的诗歌作品。萨仁图娅是在多重文化影响下成长起来的诗人，也是中国当代第一位以蒙古族身份写作的女诗人。她的创作，一直深深地植根于蒙古族文化传统之中。她曾说："我自小受到的是草原文化与汉文化两种文化的浸染与熏陶，随着时间年轮的增长，生命意识中的民族意识、文化意识同步递增，乃至成为一种情结。"① 在萨仁图娅的很多作品中，"无论是内隐于字里行间的那份有如草原般旷达的胸怀，还是她那富有地域性色彩的抒情语言，都把她的记忆指向了古老民族的历史深处……蒙古族的文化记忆不断被诗人复制、提取与召回，族群的集体无意识在诗人的不断忆念中生发出诗意的影像"②。新世纪以来，萨仁图娅继续以女性特有的情怀和诗性精神观照民族文化，同时以更具现代意识的风格、更加切近本民族文化灵魂的表达方式，创作了一大批以书写民族文化、弘扬民族精神为主题的诗歌。其中最具代表性的作品有《沿着额尔古纳河的走向》《我的故乡土默特》《土默特妹子》《我在草原望星空》《红山女神》《母语》《根河之根》等。

## 沿着额尔古纳河的走向

搭乘千古牧歌的悠长 / 纵情于马蹄无羁的韵章 / 额尔古纳河千年流淌 / 簇拥着白雪的波浪 / 像飘逸的哈达一样圣洁 / 拂动在花的原野上 / 记忆发出穿越时空的回音 / 雄性的呼吸在荒野之上 //

注定雄踞高原与朔风交响 / 一路走来飞扬灼热的音浪 / 孕育无敌天下的金戈铁马 / 众草之上的魂灵元气荡漾 / 流向辽远的额尔古纳河 / 史诗一样磅礴雄壮 / 因痛苦而坚强 / 因坚强而荣光 //

沿着额尔古纳河的走向 / 我灵魂的流云溯源而上 / 英勇无畏是我的族徽 / 苏力德昭示着无穷的力量 / 寻找如烟的千年往事 / 拜谒如虹的一代英灵 / 我遗憾自己无法早生八百年 / 唯有升腾心头的崇拜与敬仰 //

① 娜仁琪琪格主编：《诗歌风赏：中国当代少数民族女诗人作品选》，武汉：长江文艺出版社，2014年版，第42页。
② 陈爱中，朱星雨：《记忆诗学：民族身份与新时期少数民族女性诗歌》，《学术交流》，2021年第10期。

感知一颗无比博大的心 / 千年不息地伟岸跳荡 / 颂歌为千年风云第一人响起 / 马头琴的乐音在风中筑巢 / 众水的目光也在深情回望 / 凡人之躯的我渺渺升华 / 柔弱的心灵灿灿透亮 / 而我的幻想就是执着的光芒 //

沿着额尔古纳河的走向 / 我身披浪花畅饮鲜美的乳浆 / 白云也铺不满的大草原 / 无限的风光就在无限的路上 / 闪闪的繁星丰富了河的夜语 / 美与心灵积蓄了向前行的力量 / 无法抑制的激情沉浸于水 / 梦想比生命更久更长 //

额尔古纳这母亲的河流 / 一波的绿色净土 / 一方原生态的故乡 / 而我就是一条鱼 / 在民族记忆的河里游荡 / 额尔古纳与时间之河共源 / 融化我流向千年的向往 / 美丽的萨日朗沿岸开放 //

草原的女儿我感恩我敬畏 / 额尔古纳河之于蒙古族 / 母亲之于生命一样 / 古朴有韵的额尔古纳河 / 蒙古长调一样婉转悠长 / 唯有守望 / 守 / 望  守望 / 直至泪水里充满血浆 //

## 我的故乡土默特

这方水土被造化雕刻 / 融进历史的勋业永久定格 / 经受光荣和沉重磨砺 / 放牧战马的日子阳光纷纭洒落 / 遥远的一切尚在昨日 / 苏勒锭上我看到先祖的性格 / 带着迷恋的负载行进在生之旅 / 遍种相思泥土里生出果实和牧歌 / 我的故乡土默特 //

乡关万里古事千年如水 / 并没有尽付时间之河 / 你的名字是长生天下的一方绿地 / 阴山下的草原伸延与燕山联结组合 / 离离青草与乡井对话并无言述说 / 追怀远古图腾情绪的感受最为紧迫 / 震撼之钟敲响每个心鼓 / 复归于土复归于气复归于火 / 我的故乡土默特 //

就这样和故乡的荣名合而为一／我们被自己的土地托举并感化着／曾经发生和至今依然可能发生的事／引擎的巨大震动直至地老天荒而后可／敬畏先祖荣光后裔负重而来／怀揣梦想从这里背起行囊追逐梦想／牵着思念从原乡出发跨越山河／深情眷恋仍执意赶路／我的故乡土默特／／

## 我在草原望星空

鸿雁追云／骏马追风／我沿着额尔古纳河走向／以寻根的抵达以心的虔诚／在草原水草茂盛时节望星空／无眠之夜沉入晶莹与深邃之中／／

听星星与萨日朗对语／触摸星光缀满旷野绮丽的梦／放逐红尘琐事放飞心灵／追寻追问之路追随星光而行／约你一起游牧星星／同你分享心灵感动／／

看毡房灯光与穹庐星光对应／不能错过的浩渺天际静美让心悸动／一条由星星组成的天河／以无边的浩瀚把宇宙印证／一片天边的羊群马群牛群／在月色披照中时而在星河游动／／

谁把宿辰里的星芒缀满星空／只有仰望方可让心灵安宁／谁把如水的万千柔情布满星空／思念的帆船在星河缓缓升腾／而那颗最亮的北斗七星／是赋予智慧与神秘想象的指路明灯／／

思想之翼在夜的阑珊中飞腾／满天星光融入草原融入生命／谛听天籁遥望敖包烛火／满怀热爱和敬畏之情／接收来自苍穹的星光密码／进入天人合一天光合一之境／／

银河万里的草原星空／星光在夜空发亮深邃而澄明／已知的一切与一切的未知／古老的星之尘埃在耕种的心田中／神话传说与光的颂歌／远处传来"美丽的夜色多沉静"的歌声琴声／／

光的宇宙任由目光剪裁我的想象／思绪丝丝缕缕在头顶升空／星光澄明提醒人类存在家园存在／星空灿亮因众星熠熠长存永恒／头顶的星空和我们心中的道德律啊／康德经典之语比任何时候都更加震撼心灵／——我们的心灵／／

## 红山女神

穿越漫漫五千年沧桑／归来仍然是最美的新娘／惊世的神秘笑容与生动面庞／灿亮最初的中华文明曙光／牛河梁上的红山女神／我至尊的蒙古利亚同族／我挚亲的辽西一方水土同乡／／

与你深邃的目光对视／胸中凌河拍起千层波浪／润泽着生长青青草的牧场／思想的这匹白骏马／追逐悠长牧歌与光荣梦想／沧海桑田带着隔年心愿／把家园深情守望／／

回首往事的记忆图腾／目光向远的芳踪前往／演绎古今交融生动的故事／让我陪你一起美丽激扬／永远的永远马头琴在天边苍劲鸣响／带回来的云彩沉淀着彩虹梦／是为你备下的圣洁嫁妆／／

## 母　语

母语是乡土与泉流合成的泥／凝结后形成了坚固的壁垒地基／尔后其他的门类诸如数学与物理／才能筑起了各自不同的形体／／

母语是一盏构想明天的灯／光焰辉映亘古岁月永恒的诗意／母语是历史流注的民族精神／无论是太阳升起还是月亮升起／／

母语何尝不是一台发动机／启动后生成万千马力／让分分合合的齿轮交汇／向前驰骋着将历史演绎／／

母语是祖先传下来的遗产／母语是大草原的赐予／顺着声音

追溯从故乡到他乡 / 始终将我们心灵原野染绿 //

　　母语是历史流注的民族符号 / 母语是我们的灵魂与载体 / 不论会不会说母语 / 都无一例外地爱着母语 //

　　母语伴随血脉相传一直延续 / 没有在外语的夹裹下流泪 / 母语是共有的血的召唤 / 没有在流年的流逝中失去 //

　　语音的元音和谐律 / 让我们倍感亲切 / 主语在前谓语在后 / 洋溢着独特魅力 //

　　八百多个春去秋来 / 母语马背民族涵养孕育 / 让我们是有根的人 / 而牧歌就是悠长的诗句 //

## 三、讴歌民族精神与时代精神

　　萨仁图娅在新世纪特别是新时代以来创作的第三类诗歌，站在大文化、大时代、大历史和中华民族伟大复兴的高度，讴歌以爱国主义为核心的民族精神和以改革创新为核心的时代精神。萨仁图娅在创作中，注重在思想开掘上追求深度，在艺术创造上追求精益求精，诗性地呈现了中华历史之美、山河之美、文化之美，书写了中国人民的奋斗之志、创造之力、发展之果，展示了新时代的精神气象。最具代表性的作品主要有《黄帝陵》《端午，致敬一条江》《致屈原》《百年回眸颂七月》《延安·延河·宝塔山》组诗之《我在草原遥相望》，《血沃中华》组诗之《母亲赵一曼》，《草原额吉·国家孩子》组诗之《国家的孩子》《七月的紫荆花》等。

### 黄帝陵

　　黄土的底色 / 黄河的波涛 / 黄土高坡上的黄帝陵 / 昂起中华民族的骄傲 //

人文之初祖／命世之英豪／中华文明的精神标识／五千年手植柏如此古老／／

陵前凭吊／同瞻轩辕庙／神人共襄海内外同心／国运新天水长山高／／

## 端午，致敬一条江

两千年滔滔流淌／八万里云月怀石的沧浪／波动楚辞的音韵辉芒／激荡离骚的千秋鸣响／托起当今竞渡的龙舟风帆／泛着艾草与粽子的醇香／江魂悠悠／千古绝唱／／

一个带剑长吟的忠魂踏浪／千古峨冠长剑的清影荡漾／路漫漫上下求索句九章／心念家国忧思断肠／骨头里的挚爱与悲愤汇入一江／泣血的天问囊括宇宙洪荒／端午怀想／浩气回肠／／

驾一叶龙舟追寻远古时光／濯缨濯足的沧浪水清斯迎风猎猎作响／漫路修远历史在对错之间回旋／人间正道总是沧桑悲怆／抱石在江底长眠的诗人／永生在岸上在人民的心上／致敬汨罗／精神铿锵／／

## 致屈原

楚人皆醉时／唯有你独醒／当理想成为绝望的悲愤／死亡就是一种终极跨越／／

也曾弹冠振衣深思高举／《九歌》《天问》一腔热血／两度流刑去家千里／怀瑾佩兰身无所归悲霜雪／／

朝饮木兰夕餐秋菊之高洁／路漫漫而求索不懈／"虽九死其犹未悔"／亘绝古今的情怀汨罗水承接／／

怀石投江的纵身一跃／民族骨骼民族性格如此刚烈／以身许国的冲天水柱激荡两千多年的悠悠岁月／／

## 母亲赵一曼

一封示儿书／万缕慈母情／"挎双枪的密林女王"赵一曼／同世上所有母亲一样的母亲／襁褓里的儿子曾紧紧抱在怀中／此刻满腹思念只能寄托在唯一合影／／

生命最后时刻的刑车上／鲜血淋漓纵然赴死也从容／牵念宁儿的心才是锥心之痛／向看守人员要来纸和笔／用情愫来封裹绝别的日子／殷殷叮咛抚慰幼小心灵／／

历经千里血雨腥风的刀光影／惨遭几十种变相摧残的酷刑／炼狱里严守党的秘密不惧牺牲／捐躯赴国难如此铁骨铮铮／民族危亡关头超常坚强／不变的忠诚是恒定的忠诚／／

奠祭沦丧的国土家园／一位母亲不惜头颅鲜血和宝贵生命／只是企盼幼小的孩子长大成人／不要忘记母亲是为国而牺牲／就这样地含笑为国雪耻身先去／无边大爱化作暗夜中的黎明／／

一封泣血的示儿书／万缕殷殷的慈母情／不朽不只是一个响亮的名字／而是抗联战士恪守信念的侠骨柔情／全民抗战无法让女人走开／永恒的母亲赵一曼让我为之痛更为之荣／／

## 国家的孩子

一棵草又一棵草／一群牛又一群羊／再加上我的无边想象／便是一片广阔牧场／／

草原上的国家孩子／来自祖国的四面八方／是额吉的帐篷与

勒勒车／把一个个飘荡的童年安放／／

云朵一样的牛羊／白莲花一样的毡房／草原的孩子是蓓蕾／在大草原上孕育绽放／／

喝了草原奶酒会陶醉／听了长调牧歌跟着唱／大草原上的国家孩子／跨上骏马追赶欢乐向远方／／

## 四、《雷锋！雷锋！》

2023年2月，萨仁图娅的诗集《雷锋！雷锋！》由辽宁教育电子音像出版社出版。这是她近期创作的重要作品之一，产生了广泛的社会影响。根据主题划分，这部诗集应属萨仁图娅在新世纪以来创作的第三类诗歌。诗集共七辑，分别为"辑一　丰碑高耸""辑二　生命交响""辑三　精神之光""辑四　日记璀璨""辑五　芳华永驻""辑六　薪火相传""辑七　永放光芒"，共收录了100首诗歌。在此摘录其中的3首：

### 二十二岁的永恒

那时我曾叫你叔叔／唱着"学习雷锋好榜样"的歌／嵌入记忆的是你晶亮星章和灿烂笑容／摇响三月的花朵与春天的风铃／你以生命的火炬召引着我们前行／每逢周末都排着队去做好事儿／那是五十年前戴着红领巾的我／你的青春火焰注入我产生愿望的生命／／

现在我应该称呼你为兄弟／感觉比邻而居的你始终在各民族之中／多少次你在我们中间走过／你笑意盈盈地擦亮我的心空／尽管这些天正被浓浓的雾霾所苦／精神的天空有你就让人感觉到洁净／年过花甲的马背后裔的我／穿过生命段落就超脱了年龄／／

老去的是时间流走的是风／而你充满活力总是如此年轻／定格的青春与灿烂的笑容／就这样凝聚在一个焦点上／把伟大与平凡诠释验证／半个世纪以来闪烁无限激情／就像早晨那般清新如斯／二十二岁的青春生命永恒／／

是的，从前你是我的叔叔／现在你是我孩子及孩子的叔叔／

《雷锋！雷锋！》

把几代人的心灵深深打动／你的生命烛光烘热所有人的血液／懂得助人为乐热心公益／懂得干一行爱一行钻一行／做一颗永不生锈的螺丝钉／活着，以你的方式诠释生命／／

如今我走在你走过的路上／亲近你并未远去的身影／呼吸你灿烂的青春笑容／回味平凡行动所实现的不凡人生／从有限到无限由短暂到永恒／你一步一个回声一步一个雷声／以二十二岁的永恒为平凡伟大命名／此时，我们对话并互相倾听／／

## 在大地在天空在烟火人间

大地用种子花朵与果实发言／天空因星光星河深邃璀璨／烟火人间我们温暖的家园／／

一程程岁月渡岸／数十度日月经天／雷锋从未离开从未走远／／

这大地上的万家灯火／最暖心的这一盏／雷锋精神之火把我们温暖／／

天空星河最亮的一颗星／爱是光是最美的语言／最至繁至简的温情默默相伴／／

烟火是人间最好的味道／普通一兵的雷锋平凡铸就不平凡／我们的生活因之有参照而灿烂／／

雷锋植根中华大地在我们身边／精神境界高于九霄云天／一面旗帜一种超越时空千年万年／／

## 中国精神的天空

在中国人的精神天空／雷锋是不可或缺的一颗恒星／第一批纳入中国共产党人精神谱系／是中国精神的重要组成／／

雷锋燃起的生命烛光／照亮了中国精神的天空／"做一个对人民有用的人"／雷锋甘当一颗螺丝钉／／

雷锋的生命定格在二十二岁／却在很多人身上得以延续／雷锋离开我们已经六十一年／雷锋精神一直激励我们矢志前行／／

美好的记忆温暖着心灵／诠释着共产党人的初心使命／这是当代中国人重要的精神维度／你我他内化于心外化于行／／

中华文明是一个巨大的意义系统／雷锋精神经久不衰与时代同行／始终是高尚情操的同义语／是民族精神火炬的代称／／

在中国精神的天空／雷锋印证生命达到永恒／奏鸣理想与信念的时代交响／雷锋之歌激荡人心永远恢宏／／

《雷锋！雷锋》中收录的诗歌，体现了诗人鲜明的时代意识、高远的情怀与广阔的历史视野。讴歌雷锋所代表的时代精神，筑牢雷锋精神撑起的道德丰碑，是作品的主题。诗人书写的是雷锋的精神史诗，赞颂的是二十二岁的永恒，是永恒的精神，永远的雷锋。同时，诗歌中展示了诗人高远的情怀，通篇贯穿着对美好青春与向上精神的歌颂，对生命价值和人生意义的追寻，对平凡与伟大的思考。同样重要的是，诗人能够站在历史的高度，既呈现了雷锋精神的脉络源流，也诠释了雷锋精神的当代价值，如萨仁图娅在序言中所记："在中国人的精神星空里，雷锋是永远灿烂的一颗恒星。雷锋精神是中华民族传统美德的一种积淀，是一种随着时代进步而不断发展的与时俱进的精神。"[1]

《雷锋！雷锋!》出版后，在读者中与社会上引起了强烈反响，萨仁图

2023年，萨仁图娅在抚顺市雷锋小学与孩子们交流《雷锋！雷锋!》

---

[1] 萨仁图娅：《雷锋！雷锋!》，沈阳：辽宁教育电子音像出版社，2023年版，第3页。

2023年，萨仁图娅与读者交流《雷锋！雷锋！》

娅应邀赴抚顺市雷锋小学、沈阳市皇姑区牡丹社区、喀左县水泉镇中心小学等与读者交流，并参加诗歌诵读活动。学习强国平台、《辽宁日报》、辽宁电视台、《中国出版传媒商报》等多家媒体对诗集进行推介。

至此，我们简直可以说，一位新的民族诗人诞生了，一个新的诗人萨仁图娅出现了，她彻底走出了一己性的抒情、讴歌和咏唱；她走向历史的深处，走向文化的渊源，走向历史的伟人、民族的英雄，她用深沉的思想、独特的诠释和诗性的、具有她独特个性和色彩的语言，讴歌屈原，讴歌赵一曼，讴歌雷锋，讴歌民族的脊梁，讴歌时代精神；她以中华民族大家庭中的一员——蒙古族的女儿兼诗人的身份与心灵，书写、诠释、讴歌历史与民族英雄，同时，也以诗歌和心灵，显示了她自己——一位杰出的民族诗人的高远与深邃。

# 第六章
## 本色是诗人（三）：活跃于国内和国际诗歌交流的舞台

    多年来，萨仁图娅坚持致力于推动国际华文诗歌交流，并活跃于国内、国际交流的舞台。她积极参与组织国际华文诗人笔会的活动，担任笔会副主席。因在诗歌创作领域以及在推动华文诗歌发展上做出了重要贡献，2015 年，萨仁图娅被国际华文诗人笔会授予"中国当代诗人突出贡献金奖"，成为第八位获此殊荣的中国诗人。

自登上诗坛之日起，萨仁图娅即积极参与和组织不同层面、不同形式的诗歌交流活动。她既是思想的诗人，也是行动的诗人。参与和推动诗歌交流，对于她本人的成长，产生了积极的影响。在此过程中，她也为促进中国诗歌发展做出了重要贡献。通过交流，萨仁图娅接触了更多新的创作理念、技法和诗歌文化，她的创作风格也随之发生了一定的转变，创作领域得到了拓展，艺术表现手法更趋成熟，作品的精神境界得到了提升。同时，她也收获了更多的友情，使她的人生变得愈发丰富、饱满、多彩。诗人间的交流，也是一种推广诗歌和扩大诗歌影响的重要途径。萨仁图娅参与和组织的交流活动，在扩大当代诗歌的影响、推动诗歌发展上，发挥了积极的作用。同样重要的是，这些交流活动，

2011年，萨仁图娅出席第八次全国作代会

也是文化交流的重要形式，是人与人之间、族群与族群之间、国与国之间进行交流的重要桥梁和纽带，对于增进相关方和相关人员的沟通、理解和友谊，产生了重要影响。

萨仁图娅参与或组织的诗歌交流活动，主要分为三部分：一是国内诗歌交流，特别是海峡两岸诗歌交流；二是国际华文诗歌交流；三是中外诗歌交流。

## 第一节
## 国际华文诗人笔会副主席、金奖诗人

萨仁图娅积极参加各种笔会和交流活动，与当代的诗坛大家、名家，如臧克家、贺敬之、艾青、李瑛、玛拉沁夫、野曼、阿红、谢冕、柯岩、雷抒雁、罗继仁、舒婷、晓雪、俏岩、向明、庄云惠、席慕蓉、傅天琳、蔡丽双、张诗剑等多有交流，她虔诚地向这些大家、名家学习，也毫无保留地表达自己的艺术观点和理论主张。这些大家、名家都成了她的良师益友。

2021年，萨仁图娅拜访时年97岁的诗坛泰斗贺敬之，并与之交流

在萨仁图娅出版第一本诗集《当暮色渐蓝》时，臧克家欣然题词勉励："要有生活气息，要有时代精神，要有艺术修养，要有民族气魄。"阿红在《当暮色渐蓝》的序言中鼓励她：

> 作为诗人，十年来，她默默厮守着的太阳是祖国，是人民，是真善美的人生，该厮守！我相信，她会厮守终生。我相信，她厮守下去，会写出更多的像她的名字那么"透明而清亮"的诗。[1]

---

[1] 萨仁图娅：《当暮色渐蓝》，沈阳：春风文艺出版社，1986年版，第9页。

2011年第八次全国作代会期间，萨仁图娅同文学界好友在人民大会堂前合影

在出版诗集《心水七重彩》时，艾青为她题写了书名，希望她多出新作、佳作。在此后的诗歌创作中，萨仁图娅一直谨记诗坛前辈的教诲，沿着他们指引的道路坚定地走了下去，并主动向他们学习，不断地提升自己。

共有的家国情怀，共同的艺术追求，让萨仁图娅与各民族的作家和诗人相聚在不同的时空中。她与其中的许多人结下深厚友谊。晓雪是生活在苍山洱海的白族诗人。萨仁图娅特别欣赏他的"诗人的存在就是为了表达爱"的诗观，他也赞赏萨仁图娅的"作家的使命是表现爱"和"心灵是爱的出发点"的观点，二人交流频繁，颇有共鸣。晓雪在《"四位一体"的蒙古族女诗人——简评萨仁图娅》中谈到了他们的交往经历与自己的感受：

记得我第一次见到蒙古族女诗人萨仁图娅，是1990年夏天在北戴河。那一年她的诗集《当暮色渐蓝》，在第三届全国少数民族文学创作评奖中获优秀诗集奖。作为评委之一，我认真研读了她的这部处女诗集，那些清新优美、独特新颖、耐人寻味的诗篇，

给我留下了很好的印象。我为我国少数民族文学界出现又一位有
才华的女诗人，感到由衷的高兴。十五年来，萨仁图娅在自己的
工作岗位和创作道路上，继续努力，认真刻苦，开拓创新，不断
攀登，路子越走越宽，成就越来越大。每隔一两年或两三年，由
于共同参加笔会或中国作协的会，我们总有机会见上一次面。而
每次重逢，她都有新作送我，有时是一本，有时是两三本。[①]

香港文学促进会会长蔡丽双与萨仁图娅交流频繁，对她的才情赞誉有
加。蔡丽双在《赠中国蒙古文学学会副会长萨仁图娅作家》一诗中写道：

> 萨仁丽质馥如花，诗美才宽誉海涯。
> 草海茫茫宏盛德，文坛高手慕图娅。

萨仁图娅积极参加海峡两岸诗歌交流，被台湾新诗学会授予"弘扬诗
艺"金牌。1995年9月，台湾"九歌行"诗人访问团到访沈阳，萨仁图娅
与台湾诗人王幻、刘建化、台客等进行了深入交流。1999年7月2日至10
日，萨仁图娅随"大陆女诗人访问团"赴台湾访问、交流。此次访问，受
台湾"葡萄园诗社"邀请，著名诗人、翻译家屠岸担任团长，著名学者赵
遐秋教授担任副团长，成员还有满族诗人娜夜、藏族诗人梅卓、彝族诗人
巴莫曲布谟等。访问团参加了在台北举办的"两岸女性诗歌学术研讨会"、
《两岸女诗人三十家》图书出版等活动，一同观览了宝岛的名胜风景。因诗
结缘，同胞情深，在交流中，萨仁图娅与多位台湾诗人结下了情缘。著名
诗人、台湾诗歌艺术学会理事长王禄松专门撰文推介萨仁图娅的作品。台

---

① 内蒙古师范大学中国少数民族作家研究中心编：《萨仁图娅研究专集》，北京：中央民族
　大学出版社，2005年版，第3—10页。

湾《葡萄园》诗刊主编台客以《诗坛大姐大》为题，对她做了专门介绍。台湾老兵诗人刘建化以萨仁图娅诗集《梦月》中的诗歌为题，同题创作并出版了《梦月心曲》。《梦月心曲》60首诗中的压卷之作名为《大山的女儿》，写出了刘建化心中的这位大陆女诗人的风采：

> 你是大山的女儿 / 成吉思汗的嫡裔后代 / 具有一怀豪气干云的气质 / 炽热如焚的纯爱 / 如是焚烧着祖国的大地 / 塞上的草原 / 让世人享受这光与热 / 有如冬阳，温馨他们的心 //
>
> 你超人的才华与美感 / 显现出明月般的亮丽 / 独如灵河里一脉柔柔春水 / 洗涤着读者们的思绪和灵感 / 自幻灭中升起倩美的影子 / 闪烁着风采熠熠生光 / 益增世人的慕切与怀念 / 在每一位的心坎里 //

庄云惠是台湾著名诗人、画家。她的诗集《岁月花瓣》出版时，萨仁图娅欣然为其作序。2010年7月，在安徽安庆第13届（文博园）国际诗人笔会上，萨仁图娅与庄云惠相约同写同诵一首诗《诗神的牵引》：

> 我从南方来 / 从海岛来 / 因为诗神的召唤 / 走向北方的你 //
>
> 我从北方来 / 从大草原来 / 因为诗神的召唤 / 走向南方的你 //
>
> 我在南方 / 因为你 / 思念有了焦点 / 想象有了浪漫 / 距离不再是距离 / 遥远也不再遥远 / 世间有了意义 / 空间有了温暖 //
>
> 我在北方 / 因为你 / 走马相寻的日子 / 诗意山河 / 最美的遇见 / 摇梦成歌 / 十年诗友三生梦 / 万里乾坤一水不隔 //
>
> 五千年文化长河 / 浩浩汤汤 / 浩浩汤汤 / 小小的水花 / 小小的水花 / 两朵小小的水花 / 重逢在安庆 / 在文博园的墨韵中激荡出

心灵的诗篇//

感谢诗神的牵引／南方的椰风吹向北方／北方的雪花飘向南方／化为唯美的温情／在流转的岁月／我们拥有了生命的永恒//

来自海峡两岸、祖国南北、不同民族的两位女诗人的这一举动，被传为诗坛佳话。

多年来，萨仁图娅一直致力于推动国际华文诗歌交流。她积极参加、组织国际华文诗人笔会的活动，并担任笔会副主席。国际华文诗人笔会是世界性的华文诗人联谊组织，成立于1993年4月，由野曼、犁青、李瑛、舒婷等24位著名华文诗人发起，宗旨是加强国际华文诗艺交流，促进华文诗人紧密联系。国际华文诗人笔会迄今已成功举办了22次，每届笔会都邀集世界一流华文诗人出席，在世界诗坛享有盛名。这个集诗歌创作、诗艺交流、诗路发展探索及文化考察于一炉的综合性活动，是目前在中国举办的规模最大、历史较久、档次较高、诗人名家出席最频密、最有凝聚力的华文诗人盛会。因在诗歌创作领域，以及在推动华文诗歌发展上做出了重要贡献，2015年，萨仁图娅被国际华文诗人笔会授予"中国当代诗人突出

2015年，萨仁图娅荣获首届"莲花杯"世界华文诗歌大赛银奖

2019年，萨仁图娅在第十九届国际华文诗人笔会开幕式上发言

贡献金奖"，成为第八位获此殊荣的中国诗人。此外，萨仁图娅还获得了国际炎黄文化研究会颁发的"龙文化金奖"。

萨仁图娅与国际上很多华文诗人建立了友谊，并频繁交流诗艺，互有酬答。与她交流最多、友情最深的有马来西亚的国际桂冠诗人周庆芳博士、诗人陈义夫，新加坡女诗人泊雁等。周庆芳曾作诗3首赠萨仁图娅：

### 题萨仁图娅女作家玉照

中华山水毓英姿，立马芳原骋远思。

蒙族多才钦萨女，贻来玉照令神怡。

### 偶忆萨仁图娅女作家遥赠大龙墨宝题此共勉

象天法地圣王汉，汉祖唐宗拓壮图。

龙种常人原有别，丞民仰视得昭苏。

### 萨仁图娅女士南游约一晤
### 于马剌甲宝山亭，迎送匆匆，赋此志怀

航轟朝阳越两京，清晨赋客茌兰城。

十年一晤惊谈少，顷刻分襟欲涕零。

未得追随渐老病，早知文望动公卿。

多才道蕴来千里，缘结人天喜不胜。

萨仁图娅作诗答赠周庆芳博士：

一

驰骋诗坛数十年，盛名四海岂虚传。

济世襟怀照大海，光同日月照高山。

二

未曾相见亦相识，翰墨灵犀喜在诗。

龙传天下皆龙种，只是腾飞有早迟。

三

几番邀请喜成行，难忘宝山会圣瓷。

九轶高才人未老，象山筠海信能庚。

相聚天南喜不胜，心如海上逐清风。

天涯岂患知音少，山水万千不了情。

泊雁曾作《那一夜，我们初相见——赠萨仁图娅》：

　　美丽的山茶花／绽放在富饶古老的土地上／你是策马的女郎／奔驰在辽阔的草原／你的双眸闪烁着睿智和勇敢／你的言谈古朴芬芳／是通灵的岫玉吗？是明媚的秋阳？／正似一阵清风吹来／悄悄地掠过狮岛／那一夜短暂的回旋／你曾否留心聆听／渡轮外海涛吟啸／小岛上处处曲歌悠扬？／／

萨仁图娅同题回赠《那一夜，我们初相见——答赠泊雁女士》：

　　相逢，因了美丽的缘／缘起不灭就有无距的必然／山茶花芬芳着心情／绚丽着狮城的六月长天／那一夜，我们初相见／共同的明月照着／各自的星座灿烂／飘然而至的你／如玉乃洁／似雁惊天／深情扣动客店门环／如琴的诗心曼妙和弦／见如故仿佛我们相识了百年／相聚欢谈不尽话题诉不尽千言／举杯夜酌那醇香／分明是你浓浓情融其间／我留心聆听渡轮外海涛吟啸／听得"岛上处处曲歌悠扬"婉转／更有那天籁之音与心灵诗篇／一次相见足够我一生感念／当你携子告别之时／蓝蓝的夜幕下我没说再见／居所与居所海内外不近／心与心相知相系却不远……／／

# 第二节
## 闪耀于世界诗歌的星空

　　在积极参与中外诗歌交流的过程中，萨仁图娅在拓宽视野，注重吸纳和学习世界诗歌精华的同时，也将自己的诗歌及其所承载的中国文学精神、中华文化精神推向了世界。如今，萨仁图娅已成为具有国际影响力的中国少数民族诗人。萨仁图娅及她的诗歌，闪耀于世界诗歌的星空。

　　2000年5月，应中美基金会之邀，萨仁图娅作为辽宁省文化代表团成

2000年，萨仁图娅应邀访美期间，在哈佛大学与费正清东亚研究中心裴宜理女士交流

员访问美国，与哈佛大学费正清东亚研究中心裴宜理女士、耶鲁大学教授赵浩生及美国诗人、青年进行交流。耶鲁大学图书馆收藏了萨仁图娅作品集，全美中国作家联谊会会长、纽约商务传媒集团董事长、美国《文化中国》杂志社社长冰凌拍摄制作了《中国著名作家访谈录·萨仁图娅卷》。她被编入《全球人物志》，入选美国全美华人作家协会编写的《世界华语作家》，在美国产生了一定的影响。

2001年10月，第二十一届世界诗人大会在澳大利亚悉尼召开。世界诗人大会向世界各地有成就和有影响力的诗人发出邀请，大会的主旨是"人类因诗歌亲如一家、和睦共处"。萨仁图娅应邀参加了本次诗人大会，并朗诵了大会主题诗《爱与和平是人类共同的声音》。从此，世界诗坛对这位已逐渐走向世界的中国女诗人有了更多的了解。2011年6月29日，萨仁图娅应邀前往希腊拉里萨，出席了第二十二届世界诗人大会，同各国诗人进行深入交流。

2001年，在悉尼举办的世界诗人大会上，萨仁图娅以中文朗诵大会主题诗

21世纪初，为了扩大中国现代诗艺术在世界诗坛的影响，香港银河出版社推出了《中外现代诗名家集萃》（中英对照）系列丛书。2004年，《萨仁图娅短诗选》作为丛书之一得以出版。书中精选了《当暮色渐蓝》《快乐如菊》《因为月亮》《月亮川》等19首佳作。这本中英对照的《萨仁图娅短诗选》，不但受到了参加国际诗人笔会、世界诗人大会的中外诗人的赞誉，也得到了很多来自不同国家的读者的喜爱。

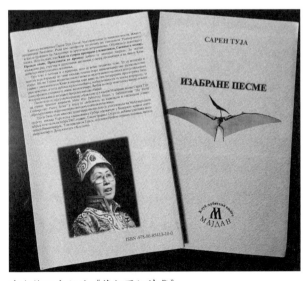

塞尔维亚出版的《萨仁图娅诗集》

2007年9月，萨仁图娅作为中国作家代表团成员，赴塞尔维亚参加第44届贝尔格莱德国际作家聚会。来自阿根廷、奥地利、保加利亚、希腊、波兰、中国、美国、西班牙、俄罗斯、以色

列、英国等25个国家的诗人、作家聚集一堂，共享文学的美好。在大会举办的国际诗歌朗诵会上，身着民族服装的萨仁图娅以中文朗诵了她的诗歌《红山女神》《故乡化石鱼》。当地诗人和艺术家也以塞尔维亚语朗诵了这两首诗歌。激昂的语调，优美的文字，赢得了热烈的掌声。朗诵会结束后，观众们久久不愿离去，围着萨仁图娅，表达着对她的喜爱之情，并邀她签名留念。在第二天举行的中国文学之夜晚会上，按照主办方的安排，萨仁图娅再次朗诵了《红山女神》与《故乡化石鱼》，同样引起了强烈的反响。2008年4月，为了满足塞尔维亚读者的需求，塞尔维亚作家协会外联部主任德拉戈伊罗维奇将萨仁图娅的诗集《当暮色渐蓝》翻译成塞尔维亚语出版，并在当地举行了隆重的首发式。国内外多家媒体进行了报道。《光明日报》的报道如下：

> 4月10日晚，塞尔维亚科斯多拉茨市图书馆为我国著名的蒙古族女诗人萨仁图娅诗集《当暮色渐蓝》举行了塞语译本首发式。中国驻塞使馆文化参赞刘永宏、科斯多拉茨市长、该市图书馆馆长以及当地众多诗歌爱好者出席了首发式。
>
> 刘永宏参赞说，萨仁图娅的诗透露出她对生活的深思和乐观的人生态度，拉近了中塞两国人民间的距离。中国使馆今后将一如既往地支持和鼓励更多优秀的中国文学作品在塞出版，以增进中塞两国人民更深层次的了解。
>
> 萨仁图娅是我国获得文学奖项较多的少数民族作家之一，去年她来塞尔维亚访问时，将其诗集《当暮色渐蓝》赠予塞作家协会外联部主任德拉戈伊罗维奇先生。出于对文学的爱好和对萨仁图娅诗的欣赏，德拉戈伊罗维奇先生遂将该诗集译成塞语版本，以飨塞尔维亚读者。①

---

① 戚德刚：《萨仁图娅诗集在塞出版》，《光明日报》，2008年4月12日。

《疾风中的虹霓——中墨少数民族女诗人诗歌互译集》

在首发式上，译者德拉戈伊罗维奇高度评价了萨仁图娅的诗歌。他认为："萨仁图娅的诗歌抵达人类心灵的高地，诗人的情思与人生、自然精巧融会，诗的境界高雅深远，诗句清新优美，读来令人回味无穷。"[①]2008年7月，《塞尔维亚文学》以英文、罗马尼亚文、印度文、西班牙文发表了萨仁图娅的诗歌作品。

2022年4月23日，世界读书日，北京外国语大学向全球隆重推介多语种诗集《落霞重重——7位中华民族女诗人的诗歌》与《疾风中的虹霓——中墨少数民族女诗人诗歌互译集》。中国作家协会诗歌委员会主任、著名诗人吉狄马加，墨西哥国立自治大学副校长帕特里西亚·达维拉等通过线上线下方式参加了推介会。两本诗集作为中墨建交50周年的献礼，由吉狄马加、石一宁主编，广西师范大学出版社和《民族文学》杂志社等出版，收录了7位中国少数民族女诗人和7位墨西哥原住民族女诗人的作品。萨仁图娅的《沿额尔古纳河的走向》《草原风 黄土情》《乡情》《敖包琴声》《时光之上》《总是一走再走》6首诗被收入诗集。《民族文学》以蒙古文、藏文、维吾尔文、哈萨克文、朝鲜文等5本专刊的形式刊载了诗歌。这组诗歌是萨仁图娅近年创作的诗歌中的佳作，在很大程度上代表

---

① 黎阳：《著名女诗人萨仁图娅诗集塞语译本首发式在塞尔维亚举行》，《诗潮》，2008年第5期。

着她的创作风格，笔者特将其中的3首录于此处。

## 草原风 黄土情

天空高远深邃空旷 / 月光如水意味深长 / 触摸布满星星的夜空 / 我遐思我眺望 //

目光在蓝空中飞翔 / 思之树在心灵高原生长 / 俯仰大地和苍穹 / 我放开思绪的马缰 //

根在草原深处 / 浸染牧歌与乳香 / 人在黄土地上 / 亲近大豆和高粱 //

原乡与故乡 / 双重的滋养 / 我应双倍回报 / 无限情意有限时光 //

草原博大让我长风浩荡 / 黄土地厚重令我朴素善良 / 任该来的如约而至 / 愿岁月走出预言呈吉呈祥 //

## 敖包琴声

让我心跳 / 令你神往 / 另一片草原敖包山的马头琴 / 聚焦36个国家诗人的目光 / 婉转悠扬的琴声越过众生梦境 / 每颗聆听的诗心在天籁之音中荡漾 //

因为草原辽阔穹庐高远空旷 / 马头琴的音域才如此宽广 / 因为骏马飞奔着踏蹄碧野 / 马头琴的节奏这般明快激昂 / 因为生生不息的英雄根脉悠长 / 马头琴弦上的一条溪流千年流淌 //

马背民族的传说动人 / 这里也是英雄上马的地方 / 捧起洁白的哈达 / 不同语音随着曲调吟唱 / 端起金杯银杯 / 你我斟满沉醉的酒浆 //

草原游牧／家园守望／对大地深情／置身于天堂／信守钟情
与热爱／马头琴声超然风向／／

## 总是一走再走

在草原，我是伸展的草原／逢溪流，我是流淌的溪流／迎面
遇上马群羊群牛群的时候／我就是与草原相亲相爱的马羊牛／迎风
撞上长调牧歌／我成为一个悠长的音符／那逐水草而居的人是我的
先祖／在写满日月的日子里游牧／勒勒车木轮上皲裂着艰辛的褶
皱／飘过来的云吹过去的风／把往昔浪漫与不浪漫的故事倾诉／／

远方以远把我召唤／我总是一走再走／路上的每一棵小草／
高举绿色的旗帜为我加油／三月的春风染绿我的相思／幸福就在
于不停地赶路／天幕一经开启／就注定了义无反顾／时光是永不
疲惫的坐骑／渐行渐远的我被马蹄鼓舞／／

无需张望／乡关处处／放纵心灵却不会迷途／每个敖包都是
路标／把草原认领回家／我是行动的朝圣者啊／不停歇地把诗
把美把梦追逐……／／

吉狄马加高度评价了包括萨仁图娅在内的14位女诗人的作品：

这些作品以它们真挚、深情、勇敢而富有牺牲精神的品质直
抵我们的心灵，对我们而言，阅读这样的诗歌，不仅仅是享受，
它还是对我们所有人的灵魂和精神的净化。①

---

① 吉狄马加，石一宁主编：《落霞重重——7位中华民族女诗人的诗歌》，桂林：广西师范大
学出版社，2021年版，第16页。

《民族文学》主编石一宁站在文化的高度，热诚地向世界推介萨仁图娅的诗歌：

蒙古族女诗人萨仁图娅早年就享誉诗坛。蒙古族是中国北方古老的游牧民族，内蒙古大草原是他们活跃的历史舞台。蒙古族不仅物质生活具有独特的民族风格，而且一向有"音乐民族""诗歌民族"之称。萨仁图娅的诗歌特征，首先是其深沉浓郁的民族历史文化内涵与色彩。她的诗歌使她成为一位民族的歌者。《沿额尔古纳河走向》这首诗抒发了作者对民族历史与先人的景仰和自豪感。额尔古纳河对蒙古族的意义非同寻常。额尔古纳河是黑龙江的正源，是通古斯语（鄂温克语）honkirnaur的音译，意思为鄂温克江。中国古代史籍《旧唐书》称之为望建河，《蒙古秘史》称之为额尔古涅河，《元史》称之也里古纳河，自清代开始称之额尔古纳河。额尔古纳河位于中国内蒙古自治区东北部呼伦贝尔地区，蒙古帝国时期为中国的内陆河，自清朝至今是中国与俄罗斯的界河。额尔古纳河右岸是13世纪建立了大蒙古国的世界史上杰出的政治家、军事家成吉思汗的故乡。额尔古纳河这条"像飘逸的哈达一样圣洁"的"母亲的河流"，唤起作者穿越时空的民族历史记忆，无敌天下的金戈铁马、英勇无畏的一代英灵、那颗千年不息伟岸跳荡的无比博大的心……千年往事，沿着额尔古纳河的走向而来，史诗一样磅礴雄壮，让作为后人的作者震撼、崇拜与敬仰。深情回望民族历史，凡人之躯的"我"柔弱的心灵渺渺升华灿灿透亮，"美与心灵积蓄了向前行的力量"。诗作有力而又富于美感地表达了作者对民族历史的追寻和对民族精神的守望。萨仁图娅的民族情又常常与故乡情交融一起。作为蒙古族人的萨仁图娅，出生并不是在内蒙古草原，而是辽宁省朝阳市农区，"草原博大让我长风浩荡／黄土地厚重令我朴素善良"，《草原风 黄土情》这首诗表现了作者对草原原乡与农区故乡的无限情意。萨仁图娅善于在抒情中寓含哲理，"对大地深情／就置身天堂"，仿佛信手拈来的诗句，其实是深刻思考的结晶。"远方以远把我召唤／我总是一走再走／路上的每一棵小草／高举绿色的旗帜为我加油"（《总是一走再走》），节奏与音韵之美，也是萨仁图娅诗歌创作的鲜明印记。而"我是行动的朝圣者啊／不停歇地把美把梦追逐"（《总是一走再走》）这首诗里的结句，更是让我深深感动。我想，这既是作者个性的追求与心声，亦达到了一种更为广阔和普遍的精神境界。①

2022年8月，由华人诗学会主办的汉英双语纸质诗刊《诗殿堂》，以封面人物的形式向世界诗歌界推介萨仁图娅。诗刊登载了萨仁图娅的《红山女神》《中华龙鸟》《故乡化石鱼》《我的故乡土默特》《土默特妹子》《乡情》《尹湛纳希》《鹤舞家乡》《故乡的水域》9首诗歌，并配发了笔者的评论《诗意生命与民族精魂的歌者——从文化视角解读萨仁图娅及其诗性文本》。萨仁图娅的诗歌再次引起国际诗歌界的瞩目。

我们看到，在国际文化舞台上，活跃着民族诗人萨仁图娅的身影，她从北票一个小小的乡村走出国门，走向世界，为民族、为祖国，宣传中国文化、民族文化，同时汲取西方文化、国际文化，为诗歌艺术的发展和中西文化交流做出了独特的贡献。

---

① 吉狄马加，石一宁主编：《落霞重重——7位中华民族女诗人的诗歌》，桂林：广西师范大学出版社，2021年版，第17—18页。

# 第七章
# 本色是诗人（四）：当代诗歌美学范式与理论的建构者

对爱的坚守，对诗魂的不懈追寻，决定着萨仁图娅的思维视野与艺术感受能力，也使她的诗歌形成了属于自我的审美品格与风范。其中最为突出的特色体现在以下三个方面：一是将浪漫主义和新古典主义的艺术元素进行融合，并在对浪漫主义的"古典中和美"的营建中完成了对诗歌美学范式的建构；二是通过精妙的艺术构思及在韵律、分行、炼句等方面所做的探索，实现了诗歌形式美的创造；三是通过营构别致的意象，不断地超越现象世界和生命本体，进而赋予诗歌新的意境，使其达到新的高度。

在诗歌创作实践中，萨仁图娅不但奉献了优秀的作品，还参与完成了对当代诗歌美学范式的建构。与此同时，她在诗歌理论领域，也进行了卓有成效的探索。

## 第一节
## 对当代诗歌美学范式的建构

纪伯伦说："诗人是连接现实与未来的一环，是焦渴的灵魂取饮的甘泉，是长在美的河流岸边、让饥饿心灵饱餐的果实累累的大树……""诗是神圣灵魂的体现……它是寓居心田的幻影，供它营养的是灵魂，供它取饮的是感情。"①对于诗人萨仁图娅来说，对爱的倾情及对生命律动的感受与追寻是创作的原初动力，也是恒久不变的艺术追求。对此，她在《第三根琴弦》后记中做出了深刻的阐释：

> 人生的最基本内容是爱，爱自然，爱社会，爱别人，爱自己……作家的使命是表现爱。生活在时间与空间的交叉点上，向几个方向瞻望永恒，得到的仅仅是瞬息。珍惜瞬息，挽住瞬息，我乃为诗文。②

对爱的坚守，对诗魂的不懈追寻，决定着萨仁图娅的思维视野与艺术感受能力，也使她的诗歌形成了属于自身的审美品格与风范。其中最为突出的特色体现在以下3个方面：一是将浪漫主义和新古典主义的艺术元素进行融合，并在对浪漫主义的古典中和美的营建中完成了对诗歌美学范式

---

① 纪伯伦：《纪伯伦诗文选》（下），伊宏主译，北京：北京理工大学出版社，2016年版，第333页。
② 萨仁图娅：《第三根琴弦》，沈阳：辽宁民族出版社，1991年版，第120页。

的建构；二是通过精妙的艺术构思及在韵律、分行、炼句等方面所做的探索，实现了诗歌形式美的创造；三是通过营构别致的意象，不断地超越现象世界和生命本体，进而赋予诗歌新的意境，使其达到新的高度。

## 一、对浪漫主义的"古典中和美"的营建

在人类社会生活中，爱情本身就具有诗美意识，这种具有精神性、思维性和调节性内涵的情感体验，最终所要抵达的彼岸即为诗的世界。在古今中外的文学艺术作品中，吟咏爱情是永恒的主题之一，爱情诗可视为文学的滥觞。千百年来，中外诗人从各个角度，以各种艺术手法描绘爱情，并通过诗歌不断拓展爱情的审美视域。在萨仁图娅的早期诗歌中，情诗占有较大的比例，在对爱情进行诗意解读的过程中，在逐步确立自身基本美学风格的同时，她也参与了对当代情诗审美范式的建构。

鲜明的浪漫主义色彩，极强的抒情性，是萨仁图娅情诗的艺术底色。在爱情题材作品中，浪漫主义的主观性得到了最大程度的呈示，夸张的手法，炽热的语言，瑰丽的想象，使作品有着黑格尔所说的那种"澎湃的激情和满怀使命的尊严"[①]。萨仁图娅的爱情诗充满了激情、丰富的想象和美妙的比喻。在《当暮色渐蓝》中，真情之风扑面而来，思念之水纵情流淌：

　　相聚，一百个温暖／别离，十万个思念／然而生命的船岂能泊在港湾／我用心数着分离的日子／听风，总像你的手／在叩打门环／／

在《忘不了 那双眼睛》中，将因爱而生的幸福感描写得热烈而直白：

---

① ［德］黑格尔：《美学》，寇鹏程译，重庆：重庆出版社，2005年版，第435页。

当眼睛对着眼睛／心灵与心灵相应／无声的提示使我坚定／甜美的感觉令我激动／／

在《我的名字》中，表达了为爱而献身的勇气：

是月华不是月亮／我的名字透明而清亮／时光消逝我却不消逝／纵然风阻雨挡／也默默厮守着太阳／／

在《原谅你》中，如泣如诉地传递着爱的微妙感觉：

但愿你像经霜的橘果／我以生命做秋色衬托／更甜，甜得如蜜／更烈，烈得似火／很苦很苦的是对往昔的追忆／很涩很涩的是对昨日的思索／我把感伤哀怨的话扔掉／就像秋之树把枯叶轻轻抖落／／

在诗歌史上，浪漫主义与古典主义是不同的艺术流派，与热情、明朗的浪漫主义风格相比，古典主义所推崇的是理性与典雅。萨仁图娅诗歌艺术风格中最为明显的特色，在于她在热烈抒情的同时，并没有过多地沉溺于幻想或任感情泛滥，而是表现出对情感宣泄的节制，在强烈的情感释放和对现实的超越中表现出得体的优雅和理智。这种浪漫主义的古典中和美的风格，在她早期的爱情诗中即得到了体现，在20世纪90年代出版的诗集《快乐如菊》和《心水七重彩》中表现得最为典型。早期的诗歌《没有爱恋的日子》，起点在于抒发心灵的困惑和情欲带来的苦痛感。但通读全诗后，让人触摸到的却是一种沉思后走向超越的人生态度：

没有爱恋的日子／如铅凝重的影子迭现／我躲进自己为自己

圈定的蓝栅栏／独听体内血液流动的声音／宁静里更深层次的战
栗／依然痴痴地守护着什么／困惑来自一种渴念∥

《快乐如菊》则更具古典神韵，以典雅的诗风传递着诗人对人类感情特
别是爱情的现代性思考：

快乐如菊／绽放于秋的领地／芳香一段往事／自己不用逃避
自己／放大胆子向空而语／以生命赋予的权力／恪守真诚同时付
印季节／弹响永远的回音壁／世界在纷繁的梦中美丽∥

《心水七重彩》仍是以爱情为主
题的作品，但诗人用不着痕迹的方
式传递着深沉的情感，其中"包含
了中年人成熟爱情的多重滋味"①。

中和美是两种对立因素协调
统一后所产生的美感，在对立的
两极走向和谐的过程中，在两种
风格的碰撞中，使文本充满了内
在的张力，有效地强化了诗歌的
表达效果。这种努力，使萨仁图
娅的诗作逐渐呈现出充盈、曲妙、
圆融的多维之美，从而走向了一
个更为高远的诗美境界。同样重

《萨仁图娅研究专集》封面

---

① 内蒙古师范大学中国少数民族作家研究中心编：《萨仁图娅研究专集》，北京：中央民族大
学出版社，2005年版，第81页。

要的是，这种独特的艺术风格的形成，拓宽了当代爱情诗的美学内涵，也在一定程度上强化了她的诗性意识和理性精神，"从放纵与收敛情感的矛盾中获得诗的强力，以智即理必作为情感的节制，完成着从情到智的渗透，并带来从滑到涩的词语的转换，最后达到浪漫主义的古典中和美的创造"①。

## 二、对诗歌形式美的创造

除了内部的情感逻辑和精神内涵外，形式要素的美也是评判诗歌艺术价值的重要标准。形式美具有独立的审美价值。诗歌的形式要素，包括结构、诗体、语言、音韵、艺术手法等，是一种符合人类审美需求的美的存在。这种存在，通过李泽厚所强调的"积淀"而传袭，既具有传承性、规范性和稳定性，又需要随着审美意识的发展而不断得到完善。因此，当代诗人的重要使命之一，是在继承传统的基础上，不断适应人类与时代审美要求的变化，对诗歌形式美的内涵与外延进行改造。

中国古典诗歌的形式美，更多地强调平仄、韵律、对仗等。对于新诗的形式美，国内的诗人和学者做了诸多探索。其中闻一多、何其芳等在论述新格律理论时所阐释的观点，均具有较强的启发性与探索性意义。如闻一多主张"诗的实力不独包括音乐的美（音节），绘画的美（词藻），并且还有建筑的美（节的匀称和句的均齐）"②；何其芳提出"在顿数变化的样式上，在分节和押韵的差异上，还可以参考外国的格律诗"③。

萨仁图娅的诗歌创作，注重与中国诗歌传统的血脉联系，同时积极接纳新诗的美学理论。她以别具一格的匠心和不同凡响的勇气经营着诗歌的

---

① 李万庆：《走向"天籁"——萨仁图娅诗歌创作综论》，《民族文学研究》，1994年04期。
② 闻一多：《诗的格律》，《晨报副刊》，1926年5月13日。
③ 何其芳：《关于诗歌形式问题的争论》，《文学评论》，1959年第1期。

形式美，以此参与了当代诗歌美学范式的建构。

谢冕说："抒情是诗的生命，音乐是诗的灵魂。"①萨仁图娅对音乐美的追求，一如她对诗歌抒情性的迷恋。她通过富有韵律和节奏感的文字营造了含蓄的音乐美，且呈现出鲜明的个性化特征。她讲究押韵，却又不为韵而韵，不迁意就韵，而是随情随境选韵，以韵就意就境。诗歌的节奏，在表现上有内在与外在之分。萨仁图娅重视体现为外在节奏的抑扬顿挫，更强调对内在节奏即诗人情绪流动的急徐、抑扬等规律的把握。因此，她通过韵律与节奏营造出的美感，总是能够与诗歌的情境、诗人的心境相契合，形成了具有整体感和丰富性特征的美学效果。

中国传统诗词特别重视炼字和炼句，强调"篇中炼句、句中炼字"②，其基本审美取向是简练精美，生动形象，含蓄深刻。在炼字与遣词造句上，萨仁图娅同样有着自己的特色，格外注重字、词、句子的内在情韵，她的诗歌辞藻淡雅，色彩清丽，句子疏朗秀润，文字清透灵动，表情达意含蓄蕴藉，散发着具有传统中国美学风格的独特韵味。

作为具有浓缩性、抒情性和跳跃性特征的文学形式，分行与分节是现代诗的基本艺术特征。在对诗歌整体形式的建构特别是分行、建节上，萨仁图娅尊重闻一多提出的"节的匀称和句的均齐"的美学原则，但不完全拘泥于形式上的方正和匀称，"却取得了以诗的短型和凸凹型为基准的多变形式，给视觉以美的构图"③。在建节上，她实验了从两行到九行为一节的多种形式。上述实验，在一定程度上增加了诗歌的表达强度，强化了视觉感，使作品产生了丰富的意蕴。可以说，她在追求视觉美的过程中所做出的种种努力，让诗歌语言获得了更大弹性，使文本产生了独特的艺术魅力，给读者带来了新奇的心理体验，产生了别样的美感效应。特别值得注意的

---

① 谢冕：《谢冕论诗歌》，南昌：江西高校出版社，2002年版，第2页。
② 赵永纪编：《古代词话精要》，天津：天津古籍出版社，1989年版，第539页。
③ 李万庆：《走向"天籁"——萨仁图娅诗歌创作综论》，《民族文学研究》，1994年04期。

《萨仁图娅 栗原小荻短诗艺术研究》封面

是，萨仁图娅发展了九行诗的体例，创作了大量独具特色的带韵九行诗。这种别具匠心的诗歌体例，增加了作品的审美价值和文化内涵。她的九行诗，在一个或抒情或叙事的单元中，整合了富有韵律和节奏感的文字，传递着独特的艺术感受和更为丰富、深刻的历史认知。每一首（组）九行诗，均具有起承转合的情感或情节链条，回环往复，前后照应，有一种文气贯通其中，达到了圆融的艺术境界。萨仁图娅以九来建构诗歌体例，除了艺术传达的需要，还"因为九在蒙古族数字中最大"①，在蒙古族文化中，"以九为神圣、吉祥、富足、众多的数字"②。

## 三、对意境美的追求

意境是中国古典文学中一个极为重要的审美范畴，意境的高低是评价中国文学作品的重要标准之一。王昌龄在《诗格》中提出诗有三境说，始

---

① 萨仁图娅：《天骄——成吉思汗》，南宁：广西美术出版社，2011年版，第295页。
② 高文德编著：《中国少数民族史大辞典》，长春：吉林教育出版社，1995年版，第35页。

将意境的概念引入了诗学："一曰物境，二曰情境，三曰意境。"①王国维认为："文学之工不工，亦视其意境之有无与其深浅而已。"②所谓意境，"就是指主体与客体、心与物、意与境、神与象、情与景融合一体所达到的审美境域……是情景、意象、心物、思境交相熔铸与高度整合"③。萨仁图娅在诗歌创作中，通过主观情感抒发、物境诗化、以境传情、虚实相生等艺术手法，营造了通达、恬淡、蕴藉、醇厚、高远的意境。在诸多艺术手法中，她运用得最为成功、最有创造性的当属合理地处理了意象与意境的关系，通过意象无穷的张力所产生的超越性意蕴，追求"天地与我并生，而万物与我为一"④的至美境界。关于意境与意象，刘禹锡在《董氏武陵集记》中所提出的"境生于象外"⑤，一直为历代文人所尊崇。到了现代，随着诗歌审美视域的拓展，有学者对境与象的关系做出了更为多元和丰富的阐释，提出"境生象外，境大于象；境在象中，境满于象；境生象间，境藏于象"⑥。萨仁图娅的诗歌，即从多个角度、多个层面，以多种方式熔铸意象，并通过对意象范式的重构，更好地实现了对意境审美化与哲思化的追求。

萨仁图娅的诗歌，比较注重呈现具有单纯、柔和韵味的意象，以此营建清丽、醇厚的审美意境。"她大多用月、梦、船、风、树、雨、秋天，等等。她的诗中很少出现雷、闪、暴风……这类充满暴力的词汇"⑦。她笔下的意象承载物多脱离具体时空的限制，通过对主观情感与客观物象的融合，使意境萌发于象外，实现了对"活跃生命的传达"和"最高灵境的启

① 孙敏强主编：《中国古代文论作品史料选》，杭州：浙江大学出版社，2014年版，第128页。
② 王国维：《人间词话》，北京：中华书局，2009年版，第82页。
③ 李天道：《中国古代诗歌美学思想研究》，北京：中央编译出版社，2015年版，第250页。
④ 陈鼓应：《庄子今注今译》（上），北京：中华书局，1983年版，第80页。
⑤ 郭绍虞等主编：《中国历代文论选》（第二册），上海：上海古籍出版社，1979年版，第90页。
⑥ 李晓峰：《意象·意境·境界的不同指向》，《中国文化研究》，2009年第2期。
⑦ 冯金彦：《等待风声——评萨仁图娅的〈心水七重彩〉》，《辽西文学》，1990年第2期。

示"①。苏轼在《题文与可墨竹》中说："诗鸣草圣余，兼入竹三昧。时时出木石，荒怪轶象外。"②苏轼所说的"轶象外"，并不是真正到象外去寻求，而是深入到具体形象之中，得以窥见具象，并把自己所追求的理想和要表达的情感融于拟人化的形象之中，方能得到象外之意与象外之境。萨仁图娅的诗歌同样先专注于具象，如月亮、船、水、草等，征其情而尽其性，进而超越时空，实现对精神、性情和美的传达，意境由此而生。如在《月亮川》中，她写道：

轻唤我的乳名／就会有一只／款款驶来的月亮船／／

短短几句，尽得味外之旨，韵外之致，温馨恬淡，舒畅自然之境由此而生。在《月亮树》中，她写道：

水走了／川并没有走／舟子和水草茂盛着河流／梦拉开生命的帷幕／由于期待和爱／眺望化作夜之后的日光／我还是月亮一样跟你走／并以青翠的形式／抽枝成月亮树／新鲜的心情永不迷途／／

诗中的轻舟、水草、梦境、月夜，点染着青青翠翠的心境和静美的现世生活，尽显超以象外的美学意蕴。诗歌《因为月光》中的月与水之间的思慕与倾诉，既是对坚硬生命中的柔情的释放，也是对来自灵魂深处的自由精神的回应，尽显象外写情寄兴之微妙：

月光／因为月光／有一份渴意深深对水的向往／放身于无边

---

① 宗白华：《美学散步》，上海：上海人民出版社，1981年版，第74页。
② 苏轼：《中国古代名家诗文集·苏轼集》（卷1），哈尔滨：黑龙江人民出版社，2005年版，第293页。

的海上／不要问来自哪里去向何方／黄鹤的消息在远飞的云中／
岁月长长／去路长长／／

在《秋梦无痕》中，她写道：

秋梦无痕／月光托载飘升的灵魂／激情之水自天上来／怎拒绝幸
福降临／给你全部的美丽／呼吸与呼吸相融之刻／在天界曼妙身心／／

秋梦、月光、激情之水，既存在于诗人的感官所及之处，又映照着心
灵的宁静与世界的空明，使自我的心灵与整个世界合抱在一起，发出灵魂深
处的呼唤，言有尽而意无穷，将读者导入了具有无限想象空间的艺术化境。

萨仁图娅还善用组合意象，达到境生象间的效果。她常常利用动词或
改变其他词的词性为动词来激活物象，实现了象融于境、境象合一的美学
效果。在《站台上，你说声"再见"》中，先有"站台上，你说声再见"，
继而又写道："我们是偶然相遇的小船，在诗的河流中张帆"。这里的站台、
小船、河流、帆，在现实中是不同的事物，诗人能够将其拼接和熔铸在一
起，并非基于它们的实体意义，而是以这组事物共有的内在生命特质生成
意象，通过对爱的纠缠、别离的纠结与必然等情绪的传递，营造出了丰富
而深沉的审美意境。在《你似太阳 我似月亮》中，"你似太阳我似月亮，
我们同在一个天上"，"你有无尽的热能你有辐射的光芒，我有朦胧的清辉
我有想象的翅膀"。诗人所要表现的，绝非自然界中的太阳、月亮、天空与
翅膀，而是意指特定的生命存在形式，可谓意中有象，象中有意，且新奇
别致，耐人寻味，形成了优美的意境。在《快乐如菊》中，她写道："快乐
如菊，绽放于秋的领地"，"菊"与"秋的领地"只能算是物象，当确立
"快乐"的基调，又吟出"芳香一段往事"后，已经转变了词性的"芳香"
瞬间激活了物象，使诗人所要营建的对人生的乐天达观之象喷薄而出。在

《当暮色渐蓝》中，"听风，总像你的手，在叩打门环……"诗人以风喻情人之手，但如果没有"叩打"这个动词的出现，"风"和"手"仍然难以形成诗歌的意象，"叩打"使满载着真挚、细腻、委婉之情的意象跃然纸上，实现了象、意、境的圆融与同一。

可以说，作为新时期诗歌美学范式的重要建构者，萨仁图娅的诗歌世界是厚重博大的，她的文学历程，是不断向诗美境界掘进的过程，更是不懈追寻生命至境的过程。

## 第二节
## 在诗歌理论上的贡献

因萨仁图娅头上的诗人光环分外璀璨夺目，人们往往容易忽视她的理论研究者和诗评家身份。萨仁图娅虽然不是专业诗歌理论家，但她在从事诗歌创作的过程中，对中国诗歌的现状与未来进行了深入思考，并根

2014年，萨仁图娅主持第十五届国际诗人笔会诗歌论坛

据自己的独特理解，逐渐形成了深刻的理论观点，为丰富和发展中国当代诗歌理论，做出了一定的贡献。

关于当代诗歌理论，萨仁图娅做了多方面的思考与研究，涉及的范围很广，其中最为核心的问题有两个：一是关于诗歌人民性的问题；二是如何让诗歌回归高贵。二者都是关系到当代诗歌发展的本质性问题。

人民性是社会主义文艺的基本特征，文艺创作的根本目的在于服务人民。萨仁图娅一直坚持认为，以人民为中心，创作出更多的无愧于时代、无愧于人民的文艺精品，是包括诗人在内的广大文艺工作者的重要使命。她于2013年在《诗潮》发表了《关于诗歌的人民性》一文，较为系统地阐释了人间有好诗、好诗必有人民性的理论观点。她首先指出：

> 诗歌的人民性，是指诗歌作品与人民大众的联系。它是人民大众的生活、思想、感情、愿望和利益在诗歌作品中的真实反映。诗歌的人民性是有深厚传统的。作为中国文学的主要源头之一，《诗经》中的诗歌，除了极少数几篇，完全是反映现实的人间世界和日常生活、日常经验，因此一直受到历代读书人的尊崇，历经两千多年，已成为一种文化基因，融入华夏文明的血液。千古第一诗人屈原的"长太息以掩涕兮，哀民生之多艰。……怨灵修之浩荡兮，终不察夫民心（《离骚》）"，这悲怆的歌吟，至今震撼着我们的心灵。

随后，她重点论述了具有人民性特征的作品为何能够以真诚动人心弦、以诗美给人带来享受的问题。

在文章的最后，她强调：

> 热爱诗歌，希望写出好诗，是我们的心愿；与人民同心，与

时代同行，是我们遵循的原则。

　　和人民在一起，就是和土地在一起；只有土地，我们才能有根。只有以笔为犁，辛勤耕耘，潜心劳作在自己诗性的文字田园里，凝一份情愫，悟一点人生，守一片翠绿，品一朵花香，生命才是有意义的。①

诗歌需要文化精神的支撑。诗歌失去活力甚至沦陷，其主要原因在于文化精神的缺失。当代诗歌中出现的一些品质低下的问题，往往不是诗歌的结构、手法、语言等技巧性的问题，而是诗歌精神萎缩空乏甚至偏离造成的。因此，萨仁图娅一直在思考如何构建当代诗歌精神的问题，并提出了一系列观点和主张。其中最为重要的主张，一是要让诗歌回归高贵；二是诗人应秉持高贵的诗心。

2015年，萨仁图娅在第十六届国际诗人笔会上发言

① 萨仁图娅：《关于诗歌的人民性》，《诗潮》，2013年第12期。

自接触诗的那一天起，萨仁图娅即坚定地认为，诗歌应该是高贵的。在《当暮色渐蓝》后记中，她写道：

> 我希望自己的诗是升华的爱的感觉，是美的享受，是善的回声。①

在《梦魂依旧》的后记中，她吟咏道：

> 我的诗是生命的馈赠生活的馈赠。我的诗是生命的飞翔是生活的提升。②

在早期的诗歌评论《红照伊人情——萧红诗歌的文化意蕴》中，她写道：

> 诗，呈现在读者之前时，只是一组语言文字，读时，则是一堆分行或不分行的文字；听时，一阵悦耳或不悦耳的韵律。但从根本上说，诗的形式是诗人生命律动的外化。在诗中，诗人生命液化，以美的情感与情绪流贯运行，或激扬或平缓，或起伏或泻止，自有节奏。③

在为戴言诗文集《咏新温故》所作的序言中，她指出：

> 即兴抒怀，随感而发，质朴天然。诗称之为诗，是人的灵性挥发，是生活精髓提炼，是社会脉搏跳动，是人民心声的表达；

---

① 萨仁图娅：《当暮色渐蓝》，沈阳：春风文艺出版社，1986年版，第119页。
② 萨仁图娅：《梦魂依旧》，沈阳：辽宁民族出版社，1998年版，第175页。
③ 萨仁图娅：《月华文心录》，沈阳：春风文艺出版社，1995年版，第26页。

诗，也是诗人内心的袒露、人格的雕塑、才德的结晶。①

萨仁图娅提出，让诗歌回归高贵，应该以诗歌的特质美和语言美为遵循，追求诗歌的"纯真"与"无邪"。她坚持认为，诗歌的特质在于美。诗就是美的代名词，所以才产生了诗情画意、如诗如画这样的词汇。有美有生命的地方，就有诗歌。诗是至善的精神，至高的瞬间，至佳的精致食粮。诗歌给人以美的联想、美的世界、美的享受。诗的品质，应该是温暖、纯净、清澈、灵动。诗歌是语言的艺术，用凝练的语言来表达纯净而丰富的感情，透过或短或长的诗篇，传递无比丰富的内在信息，读者透过诗歌中的意象来把握诗歌的意境。写诗与读诗，都是要让诗的隽永美好，浸染浇灌我们的心灵。无论是喜是怒是哀还是乐，人生际遇的抒发与感悟的意境，都是一种美的享受。

面对当代诗坛的个别乱象，萨仁图娅一直忧心忡忡。她曾列举过这些乱象：写的，有存心让人读不懂的自我封闭式的书写主张，有网络技术掩藏下的"无主体"写作对当下传统人文精神的消解，有的什么都可以入诗，出现了"下半身""垃圾派""低诗歌"等现象，甚至有涉黄涉暴、粗制滥造的行为，与诗的本质严重背离。萨仁图娅曾在多种场合、利用各种机会批评这些乱象，并尖锐地指出，出现诗坛乱象的一个很重要的原因，是诗人缺乏高贵的诗心。诗人只有秉持高贵的诗心，才能写出高贵的诗歌，是她一直坚持阐释的重要理论主张。何为诗心？中国诗论范畴的诗心，"可以概括为一种融会了中国儒、道、禅的'道德心''智慧心'的，以审美情感为特质，以自然无为、超脱自由为特征的审美胸怀"②。诗心，即艺术心灵，"艺术心灵的诞生，在人生忘我的一刹那，即美学上所谓'静照'。静

---

① 萨仁图娅：《丽句为邻》，北京：中国广播电视出版社，2003年版，第124页。
② 柯汉琳：《论诗心》，《中国文学批评》，2019年第2期。

照的起点在于空诸一切，心无挂碍，和世务暂时绝缘"①。萨仁图娅格外看重诗人高贵的诗心。在《梦魂依旧》自序中，她阐述了自己对高贵诗心的理解：

> 在人类情感的伊甸园里，心灵是爱的出发点，心灵是诗的出发点。在喧嚣的尘声中，让心平和而宁静，独品温馨。感悟体验爱，发现探索美，放飞憧憬梦。诗人多情，绝非滥用情，以理性智性诗性交融的目光，赋予爱新的高度新的意境。而诗人自身心处圣境，由外倾为内省，使意象情化，连缀成章。②

在《梦魂依旧》后记中，她借用艾略特的话强调了诗心的可贵：

> 诗人声音里的抒情是对自己的倾吐，或是不对任何人的倾吐，那是一种内心的沉思，或者说那是一种天籁，它不顾任何可能存在的言者和听者，将美妙的抒情通过诗歌倾泻出来。③

在评论华舒的诗歌时，萨仁图娅指出，有了高贵的诗心，才能实现升华与超越：

> 诗人是以独特的情感与表象的语言系统表征内心的情思意绪，并在这种情思意绪所统辖的意象化的世界中实现主体的本质力量。生命的体验到极深处，则有一种悲凉的虚无感，再透进更深处，又是一种汇滴水于大海的恬静的世界。生命体验的高峰体验，则

---

① 宗白华：《美学散步》，上海：上海人民出版社，1981年版，第25页。
② 萨仁图娅：《梦魂依旧》，沈阳：辽宁民族出版社，1998年版，第2页。
③ 萨仁图娅：《梦魂依旧》，沈阳：辽宁民族出版社，1998年版，第175页。

是大彻大悟，必然趋向美的升华，生命的超越。①

萨仁图娅一再强调，对诗人主体精神的建构，是提振诗歌风气的关键。她认为，对诗歌艺术怀有虔诚的敬畏之心，就要守得住自己，耐得住寂寞，就要不急功近利，更不沽名钓誉，多读经典，勤练诗笔，感悟诗歌美的真谛，写出具备意境美、结构美、语言美的好诗，赋予新诗纯美的鲜活灵动的生命力！她主张诗人要沉潜与坚守，守住孤独，享受沉寂，认为这是自救之道。诗歌创作，考验的也许就是诗人不受外界纷扰蛊惑的心智。秉持诗人应有的情怀，忠实于洁净的生命体验和心灵感受，不媚俗，不欺世，不随意，遵循诗歌的特质美，诗歌的语言美，追求诗歌的"纯真"与"无邪"，追求语言纯度和文字精致，呈现诗歌的高贵品质。

① 萨仁图娅：《月华文心录》，沈阳：春风文艺出版社，1995年版，第53页。

# 第八章
# 民族精魂的歌者（一）：投身于
# 尹湛纳希研究与推广

　　20世纪90年代，国内的文化研究渐入佳境。萨仁图娅也是在这一时期开始了对民族文化的研究。她带着满腔热情走进民族文化的殿堂，真诚地热爱，深深地融入，苦苦地探寻，理性地剖析，几十年如一日坚持不懈地书写和推介。其中，研究、书写和推广民族文化巨人尹湛纳希，是她最近30年倾力最多的文化活动之一，成就卓著，影响深远。

如果说，讴歌诗意生命是萨仁图娅一切文学创作和文化活动的原点，那么，塑造民族精魂，升华民族精神，则是萨仁图娅一切文学创作和文化活动的终极追求。如娜仁琪琪格所论：

> 真正的思想必须艺术化地表现，才能达到开启人类的智慧，指引时代的方向，推动世界的发展的目的。萨仁图娅正是以诗人的气质，学者的风范，哲人的锐目，站在民族的焦点上，承接汉语的传统，弘扬民族的精神，高奏时代的旋律，使民族文化呈现出更加光辉灿烂的篇章，从而也实现了她的高远与深邃。[1]

萨仁图娅带着满腔热情走进民族文化的殿堂，真诚地热爱，深深地融入，苦苦地探寻，理性地剖析，几十年如一日坚持不懈地书写和推介。其中，研究、书写和推广民族文化巨人尹湛纳希，是她最近30年倾力最多的文化活动之一，成就卓著，影响深远。

在这一具有拓荒性、开掘性意义的研究与书写中，一位民族诗人的形象，转化为学者的风范，但依然闪现着诗人的内蕴。这使她的著述显示出一种有别于一般学者的学术著作的风韵。

# 第一节
## 再获全国文学大奖：《尹湛纳希》

对于萨仁图娅来说，研究尹湛纳希，也许是她今生要承担的一份宿命

---

[1] 内蒙古师范大学中国少数民族作家研究中心编：《萨仁图娅研究专集》，北京：中央民族大学出版社，2005年版，第461页。

般的责任。尹湛纳希的家乡——今北票市下府开发区，距萨仁图娅出生的上园镇仅有30公里左右。少年时期，在听到这位同族同乡的文化巨人的事迹时，萨仁图娅的心头即涌现出热爱、敬佩和自豪之情。随着对尹湛纳希了解的不断加深，研究、书写和推广尹湛纳希的想法也逐渐成熟。萨仁图娅坚持为推广和纪念尹湛纳希而奔走、深入研究尹湛纳希，还有一个重要因素，那就是在相当长的一段时期内，受人们认知和客观条件的影响，尹湛纳希没有得到应有的重视。尹湛纳希塑像被迁来移去，尹湛纳希纪念馆变来变去，一代哲人一度得不到应有的尊重。萨仁图娅曾陪同内蒙古学者、《花的原野》文学月刊时任主编乌力吉巴图和时任内蒙古科学技术出版社社长额敦桑布等专程到北票拜祭尹湛纳希。面对荒草萋萋的孤坟，学者们备感凄楚，伏地痛哭，长跪不起。上述种种，深深地刺痛了萨仁图娅的心，她在心里默默许下誓言：一定要通过自己的努力，使家乡民族文化巨人的精神得到更好的传承。一分情结，一分责任，支撑着萨仁图娅在研究和推广尹湛纳希的道路上一路走了下来。

# 一、人物传记《尹湛纳希》

2002年12月，萨仁图娅积10年之功创作的长篇人物传记《尹湛纳希》，由辽宁民族出版社出版。在这部近30万字的长篇传记中，萨仁图娅围绕蒙古族文学巨匠尹湛纳希短暂而辉煌的人生经历，评说了这位伟大的文学家、史学家、思想家卓越的历史功绩。在《尹湛纳希》中，萨仁图娅以对民族起源和发展的宏阔背景的深度观照，以对民族文化之魂和复杂人性的深入探寻，成功地塑造了兼具民族性、文化性、历史性、地域性和人性特征的一代文化巨人形象。全书共9章。在前两章中，萨仁图娅站在历史和文化的高度，详细论述了尹湛纳希的历史地位、卓越成就和深远影响。在第三章至第八章中，她通过对尹湛纳希的人生经历、奋斗历程、文学成就的描

《尹湛纳希》封面

述和评析，展示了特定历史背景下的立体、全面的尹湛纳希。在第九章中，她详述了尹湛纳希身后事，特别是尹湛纳希研究现状。

法国思想家雷蒙·阿隆在他的史学理论中，提出了一种形象而别致的说辞："历史是活着的人为了活着的人使死人重新活一次。"①萨仁图娅的《尹湛纳希传》正体现了这样一种历史的重构和书写。

在《尹湛纳希》后记中，她谈到了写作的初衷和过程：

有人说，一个伟大的人、旷百世而一遇的人说话的地方，小人物必须沉默。我应该沉默，可良知触动又不能永远沉默。写他，是我积久的夙愿，更是我的不容推卸的责任与使命。同乡，同族，我怎能不写？我不能不写！一点一面，窥察其质。一字一句，洞幽入微。弘其德，承其志。立言不为一时。殚精耗日，寒来暑往，断断续续用了几年的光景，一部好的历史人物传记，应该是一个时代风貌的缩影，是窥视并理解人类的捷径，同时也是激发心智的"神灯"。佩服太史公写《史记》，"究天人之际，通古今之变，成一家之言"。既是确凿的史传文章，又是精妙的文学作品。我努

---

① 田汝康，金重远选编：《现代西方史学流派文选》，上海：上海人民出版社，1982年版，第95页。

力把文学性、艺术性、史料性汇于一体，使民族性、地域性、时代性熔为一炉。①

从上面这段文字中，我们能够读出作者深重的民族责任感和高度的文化自觉意识。在后记中，萨仁图娅也详述了研究和写作过程之艰难：

天时人事日相催，我不懈怠自己，日日灯影，食不甘味，有一种掏空自己的感觉。这过程，我的女儿牧琪尔陪着，陪着的还有台灯、打印机、眼镜等。女儿熬到底，以至夜半入梦还帮我查资料。其他几样别的，都换了一个乃至几个。托出一个血肉丰满的尹湛纳希，涉及社会、历史、民族、文化、心理、伦理、文本、审美诸方面，我还有限。一个伟大的人物与一段历史，历史本身是一个不可逆转或改变的时间实体，形诸文字的历史人物作品都是人的产品，历史的基本事实需要人去搜集、鉴识、整理、取舍。经过搜集、鉴识、整理、取舍的历史事实，得经过思维运演才能升华为理论，结论得经过头脑中储存的语言符码，才能表述形成史著文本，我心有余而力不足。一部气韵饱满的作品应一气呵成，写作中的一再停顿，还有一个无法分身来潜心运思的问题，诚实的生活，谨记的责任，让我不得不进入各种状态。人生的几重角色中，市文联主席与党组书记之职，占用着日光里的时间与精力，好在有夜晚，有"五一""十一"长假可归自己支配。……棘手的难题面前，有可能会出现更好的吗？等待的是心灵之泉与生命之汁的结晶。如果我不尽力，就该羞愧。②

---

① 萨仁图娅：《尹湛纳希》，沈阳：辽宁民族出版社，2002年版，第385—386页。
② 萨仁图娅：《尹湛纳希》，沈阳：辽宁民族出版社，2002年版，第387—388页。

整个创作过程，可谓困难重重，波折无数，萨仁图娅对自身也有着超出了客观现实的要求和期待。好在苦心人天不负，有志者事竟成。焚膏继晷，笔耕十载，最终呈现在我们面前的，是一部足以告慰尹湛纳希并令读者震撼的杰作。

在《尹湛纳希》自序中，萨仁图娅强调，她写尹湛纳希的传记有许多理由，但"仅凭世界上只有一个尹湛纳希也就足够"。在她的世界中，尹湛纳希是一个无与伦比的独特的存在，他的独特，主要在于他是多种文化交融后产生的文化巨人，是站在时代峰巅的思想者，是开创民族文学新路的先驱者，是民族文化交流的推动者：

他立在那个时代的峰巅之上，锐利的目光穿越了时代的尘埃，抵达了未来。生命之光照彻人类各民族的茫茫精神空间。

在《尹湛纳希》中，萨仁图娅对尹湛纳希所秉承的文学精神、作品的艺术价值、艺术特色，做出了精准的把握：

他以民族文化为根柢，以生命体验为精髓，将游牧文化、关东文化、草原文化与汉文化相融合、相整合，于是写出了第一部蒙古族的长篇小说。他身历兴亡，像曹雪芹写贾府那样写贵府，为我们提供了具有浓郁的蒙古族风情与文化传统的长篇小说《一层楼》与《泣红亭》。在尹湛纳希的文学世界里，我们可以明显地感觉到中国古典文学的情感模式和中国传统的思维观念与审美情趣悄悄然而有力地释放着能量。他在令人难以想象的年代，独立风尘外，写出了皇皇巨著《青史演义》而声音远达。作品中特异的品质与思维，无比纯粹的艺术格调，引发着读者无穷的想象。

萨仁图娅为尹湛纳希在文化思想领域建立的伟绩而赞叹：

　　他所确立的一切：大文化观、大民族观、大地域观，是一般人所难以企及的。他为我们留下珍贵的文学遗产和宝贵的精神财富。他的文，他的思，折射出生命的独特体验与时代黄金之光，触及古老民族的历史流程的本质性。他的存在，就是一种证明，一种象征。不同文化的并存和相通，往往产生冲撞，一旦找到沟通的途径，不仅不至于引发冲突，而且还能使不同文化彼此受益——尹湛纳希证明着。多元文化的创造性转换，需要深邃智慧和生命精华的投入。尹湛纳希让我们想到生命质地的不同，天才与庸人，特立独行者与世俗凡人的不同。

萨仁图娅认为，上述种种，仍不足以道出尹湛纳希的全部，

　　纵观尹湛纳希的一生，是在考察一条生命的巨流，纵观流淌的长度，冲决的力量，以及翻腾不息奔流闪动的浪花——在中华文化的长长源流中。这是一个智者、开创者、先驱者的生命历程；这是一个作家、史学家、画家的人物传略；这也是一个马背民族后裔、黄土地之子、百姓之友的故事……①

在接受《文学报》记者采访时，萨仁图娅坦诚地谈到，因客观条件所限，作品有遗憾，有的章节写得不到位，但她确实是倾注了全力，努力为读者奉献一个全面、深刻的尹湛纳希。她说：

---

① 萨仁图娅：《尹湛纳希》，沈阳：辽宁民族出版社，2002年版，第1—4页。

我是以情、爱、感、知、灵、悟来写，用心、脑、手、墨、汗、血来写。在无限与有限之中探寻，在解构与建构过程把笔。也就是说，尹湛纳希是无限的，而我有限；在解读结构过程，努力写出一个全方位的尹湛纳希。宏观上历史定位，微观上具体展现，以综合的眼光分析，在分析的基础上综合。尽力在宏阔的大背景下，在历史认知的制高点上，在独特的地域触点方面，来审视和把握，发现与评说；进而行文落墨，布局谋篇。写出我所了解的尹湛纳希及他的身世生平、个性气质、心灵状态、创作成就、杰出贡献。至于文笔个性，则追求美学品格、意识张力、哲理思辨、文化底蕴和历史观照统一。[①]

## 二、摘得"骏马奖"

长篇人物传记《尹湛纳希》的问世，具有极其重要的意义。它是尹湛纳希研究领域的重要成果，也是萨仁图娅文学创作生涯中里程碑式的作品，还是她由诗人向诗人兼学者华丽转身的开端。它在学术界、文学界和广大读者中，均获得了较高的评价，并接连获奖。

2005年7月，萨仁图娅的文学人生再次迎来高光时刻。在第八届全国少数民族文学"骏马奖"评选中，《尹湛纳希》在众多被推荐的作品中脱颖而出，摘得大奖。15年后，萨仁图娅再次获得了中国少数民族文学最高奖。

在此之前，《尹湛纳希》已经陆续获得了多个大奖。

2003年6月，《尹湛纳希》获辽宁文学奖。辽宁文学奖是由中共辽宁

---

① 内蒙古师范大学中国少数民族作家研究中心编：《萨仁图娅研究专集》，北京：中央民族大学出版社，2005年版，第478页。

省委宣传部设立、辽宁省作家协会主办的省级专业奖项，旨在奖励省内出现的最优秀的文学作品。评委们对《尹湛纳希》给予了高度评价，同时也中肯地指出了作品中的有待改进和提升之处。评委中夙认为，《尹湛纳希》是一部成功的传记文学，是辽宁省近些年传记文学领域不多见的上乘之作。他的评语是：

作者视角宏阔，从多侧面论及蒙古族文学巨匠尹

《尹湛纳希》一书荣获第八届全国少数民族文学"骏马奖"

湛纳希，其史料价值不逊色于文学价值。作者有很多精到议论，也有些议论有疏离感。作者对尹湛纳希内心世界的探寻以及具体的文学功绩，只能看成作者的一家之言，这样说并不影响这部传记文学的品质。

评委边玲玲认为，《尹湛纳希》的重要价值在于它是填补空白之作。她的评语是：

人们一般对蒙古族文学史知之甚少，对尹氏就是知其名，也很少人熟悉他的作品。此传记可以说填补了一段空白。尹氏家庭

的特殊地位及主人公的文学成就，使得他的文学活动成为清史及明清文学史无前例的一个重要片段。尹氏深受文学巨匠曹雪芹的影响，所以此书为研究明清小说，研究以曹雪芹为代表的清代作家群的形成、状况，提供了丰富珍贵的资料。

评委朱庆昌认为，萨仁图娅的《尹湛纳希》，让人们进一步了解了蒙古族文学史。他的评语是：

> 尹湛纳希是清代一代蒙古族中引为骄傲和颇有影响的文学家和哲人，他的一生都在为自己的理想而努力不已。通过作者夹叙夹议的描写，较为完整地塑造了尹湛纳希的人物形象，使我们对蒙古族文学的发展有了相当的了解。

评委李作祥肯定了《尹湛纳希》的激情与诗意。他的评语是：

> 诗人萨仁图娅为自己民族的这位巨匠作传，是做了一件好事情，为我省的传记文学做出了贡献。这本传记写得很有激情，很有诗意。……传记语言有特色，叙述有特点，但缺乏史的严谨，有些议论失之轻率。

评委徐光荣肯定了《尹湛纳希》创作上文史结合得恰到好处的特色。他的评语是：

> 这是一部为蒙古族现实主义小说创作鼻祖尹湛纳希立传的长篇传记。作品将主人公的出现放在蒙古族历史与文化发展的大背景下展现，关注到汉蒙文化交流与融会对其影响，既有史的观照，

也有细致的勾描与诗的情韵，别具一种审美意蕴。

评委荒原肯定了《尹湛纳希》的学术价值。他的评语是：

> 该书试图在历史和家庭的坐标上考察一位文学巨匠，评传兼得，将报告文学提升到学术层面。以大量图片扩充信息，并弥补人物生平因史料匮乏而欠详尽之阙，可见匠心。语言尚欠推敲。

评委黄莉莉的评语是：

> 一位蒙古族女作家对一位蒙古族文学大师怀着景仰之情作传，气势宏大，视角开阔，没有局限于传主一时一地的具体事件，而是把他放到历史和文化背景中做更深入的考察，对蒙古族文学的发展做了很清晰的梳理，因此，对尹湛纳希的形象塑造也就有了更深刻的意义。但同时，因为具体的描写不足，使这个人物的感性触摸也就不足。[1]

2003年10月，在辽宁省文学艺术界联合会、辽宁省社会科学界联合会、辽宁省传记文学学会联合评奖活动中，《尹湛纳希》得到了评委的一致认可，获得了"辽宁省第三届传记文学奖"。

2005年6月，《尹湛纳希》获"全球华人媒体最佳历史人物传记奖"提名。

接连获奖，使萨仁图娅受到了极大的鼓舞，也坚定了她继续深入研究尹湛纳希的信心。她深知，文化研究是一个循序渐进、不断出新的过程，

---

[1] 内蒙古师范大学中国少数民族作家研究中心编：《萨仁图娅研究专集》，北京：中央民族大学出版社，2005年版，第307—308页。

同样，像《尹湛纳希》这样的人物传记，也注定会有不足之处。继续深入研究和推广尹湛纳希，并将新观点、新发现和更加完美的作品奉献给学界和读者，是一位民族文化学者、诗人、作家的使命。在此后的日子里，萨仁图娅坚持不懈地对尹湛纳希进行研究。在完成并发表了诸多研究成果的同时，她于2016年出版了《尹湛纳希传》。萨仁图娅以2002年出版的《尹湛纳希》为基础，参照新的史料和新的研究成果，结合她的新思考，进行了修订、增删。她充分吸纳了众多专家和广大读者的意见，在文章结构、语言、表述等方面，均做了改进与调整。《尹湛纳希传》，史料更为丰富，人物形象更为立体，结构更加严谨，文学性、学术性、史料性得到了进一步的融合。

## 三、学界对《尹湛纳希》的研究

《尹湛纳希》出版后，一直受到学界的关注，学者、评论家们站在不同层面，从不同角度对这部著作的价值、特色和意义进行了分析和阐释，形成了一大批研究成果。在具有代表性的研究成果中，专门评论《尹湛纳希》的，有徐光荣的《云霞满纸　浩歌惊鸿——读萨仁图娅〈尹湛纳希〉》，苏赫巴鲁和白蕾的《敖包当祭——萨仁图娅长篇传记〈尹湛纳希〉的贡献》，程义伟和刘冬梅的《〈尹湛纳希〉的文化价值考察》，晓宁的《诗性文笔写就诗意人生——评萨仁图娅长篇传记文学〈尹湛纳希〉》，秦朝晖的《在整合与重建中发现——萨仁图娅〈尹湛纳希〉解读》，朱虹的《云霞洒满纸神笔发浩歌——读萨仁图娅长篇传记〈尹湛纳希〉》，乌凤琴和司廷才的《论儒学视域下萨仁图娅〈尹湛纳希〉的写作特点——兼论文人萨仁图娅的哲人写作视角》，王晓峰的《一个生命的光亮轨迹——〈尹湛纳希〉读后》，李帅的《诗化生存：传记作家的作家传记——评萨仁图娅的〈尹湛纳希〉》，邵震翔的《民族文化交流的标向——感悟萨仁图娅与〈尹湛纳希）》等；其中部分内容涉及《尹湛纳希》的评论文章有徐光荣的《纵马行空任驰骋——解读萨仁图娅》，白长青的《投影于路 援笔为犁——感悟萨仁图娅及她的创作》，乌凤琴的《感受历史的穿越 倾听心灵的对话——论尹湛纳希的〈青史演义〉和萨仁图娅的〈尹湛纳希〉与尹湛纳希的关系》，笔者的《论辽宁蒙古族作家创作的民族学价值——以尹湛纳希、玛拉沁夫、萨仁图娅为主要考察对象》等。

徐光荣在《云霞满纸 浩歌惊鸿——读萨仁图娅〈尹湛纳希〉》中指出，《尹湛纳希》是在人们的期盼中问世的一部传记，生逢其时：

> 自 1892 年他（尹湛纳希）辞世的百多年间，海内外对他的创作生涯与作品的研究成了蒙古族历史文化研究领域的重要课题之一。人们早就呼唤一部更完美的尹湛纳希传记的问世，就在这种期冀中，辽宁民族出版社为我们奉献了萨仁图娅的长篇评传《尹湛纳希》，也带给我们难抑的审美愉悦。

徐光荣的评论文章指出，《尹湛纳希》创作具有两个重要特点。第一个特点是以史为经，抓住了史的精髓：

> 萨仁图娅将尹湛纳希的出现与成长，放在蒙古族历史与文化教育的大背景下展现，关注到汉蒙文化交流与融合及其对尹湛纳希的影响，充分挖掘了历史文化的深度与广度。

第二个特点是具有独特的文学魅力：

> 通读《尹湛纳希》，我们觉得作品的字里行间"云霞满纸""浩歌惊鸿"，叙事抒情中显示出浓浓的诗的情韵，使这部评传有

了独特的风格和别样韵致的审美意蕴。从"献辞"到"自序",从章节题目、题记到行文,从诗化语言的叙述到漫溢诗情的抒发,全书淋漓尽致地呈示着诗人语言的优势,扑面而来,俯拾皆是。①

苏赫巴鲁和白蕾的《敖包当祭——萨仁图娅长篇传记〈尹湛纳希〉的贡献》认为,萨仁图娅创作《尹湛纳希》的过程也是塑造民族精魂的过程。他们谈道:

> (萨仁图娅)为我们精心烹制了一席色、香、味、型俱佳的文化大餐,使我们比较贴切地触摸到了尹湛纳希"济世岂在武""最是忠信府""泣血书青史""润亭盖世才""星殒岳王庙""奇功垂青史"的磅礴与伟岸,心酸与欣慰,最终得出"伟大的作家、艺术家从来就是国家和民族永恒的骄傲"之结论。

他们认为,一个拥有文化英雄的民族,是光荣而又不可战胜的民族,萨仁图娅对于尹湛纳希的书写,具有极其特殊的意义:

> 对整合、重构、提升整个民族的思想、道德、精神、强旺,具有不可估量的作用。②

程义伟和刘冬梅的《〈尹湛纳希〉的文化价值考察》认为,萨仁图娅对尹湛纳希的书写是对民族精神的书写,也是自我理想、自我精神的投射:

---

① 内蒙古师范大学中国少数民族作家研究中心编:《萨仁图娅研究专集》,北京:中央民族大学出版社,2005年版,第277—281页。
② 苏赫巴鲁,白蕾:《敖包当祭——萨仁图娅长篇传记〈尹湛纳希〉的贡献》,《金鹰》,2003年第3期。

萨仁图娅用文笔所记录与歌颂的，都表明了她对民族传统的执着守望的一种文化姿态。事实上，回归民族的文化传统，也是所有少数民族作家的一种必然的文化选择。《尹湛纳希》熔铸了萨仁图娅的蒙古族文化视角和立场，建构了自己的民族精神以及与自己的精神世界相匹配的知识传统与结构。《尹湛纳希》融进了萨仁图娅对蒙古族传统文化的思考。这种思考来自蒙古族传统文化对现代文化的困扰，以及这种困扰在一个自觉承担起历史责任和有社会良知的作家那里唤起的时代参与意识和变革意识。①

秦朝晖在《在整合与重建中发现——萨仁图娅〈尹湛纳希〉解读》中，从三个方面解读了《尹湛纳希》。一是萨仁图娅的创作，是从源头寻找英雄、在深厚的民族文化传统中开始了与蒙古民族灵魂的对话。文明是人的最高文化归属，蒙古族的游牧文明是中华文明中充满生机的鲜活部分，因此，

萨仁图娅在《尹湛纳希》中，为了使她的民族能在一个阔大的背景下凸显其伟岸，她对蒙古族的起源、生长、衰落、解体等诸多方面，以史学家的严谨方法，进行了考据、阐释、分析，她在对本民族"源头"的爬梳之中，力争做到客观、公允。

由此，

萨仁图娅为她心目中的"文化英雄"精心设计了现身的恢宏舞台，她要将她的"感受与理解"重构成一片文化的天空。

---

① 萨仁图娅等编：《第二届尹湛纳希研讨会——纪念尹湛纳希诞辰180周年论文集》（内部资料），2017年10月，第221页、第227页。

二是萨仁图娅在书写中，力图通过尹湛纳希这一立体存在的民族之光，照亮蒙古民族辉煌的历史长廊，并使长廊中的更多的生命之光，也同时照亮着尹湛纳希：

> 无论是蒙古族民族，还是成吉思汗、尹湛纳希，以及尹湛纳希的父兄妻儿，旺钦巴勒、古拉兰萨、贡纳楚克、萨仁宝勒日，等等，还有尹湛纳希笔下的贡璞玉、炉梅、琴默、孟圣如等，这一个个有的让人熟悉，有的让人陌生的名字，连同这些名字背后的故事，连缀成了一片灿烂的星空，他们彼此独立，又相互关联。这是一片互相被照亮的世界，这是一方圣洁而宁静的人间天堂。

三是萨仁图娅在创作中，高度重视尹湛纳希在重构文化精神上发挥的重要作用。她从尹湛纳希的身上，

> 更多地发现了异中有同，本源之处可汇通。身处多元的文化冲撞之中，尹湛纳希承认差异，在承认中解构，在差异里认同。在尊重各自发展的文化个性的同时，谋求与本民族文化价值取向和基本文化精神互相沟通的多元整合。①

朱虹在《云霞洒满纸　神笔发浩歌——读萨仁图娅长篇传记〈尹湛纳希〉》中，重点论述了《尹湛纳希》的艺术特色。她指出：

> 《尹湛纳希》当之无愧地应列入当代传记文学精品之林，也是

---

① 秦朝晖：《在整合与重建中发现——萨仁图娅〈尹湛纳希〉解读》，《艺术广角》，2003年第6期。

当代蒙古族文学创作的重要的收获。还可以说，《尹湛纳希》是萨仁图娅倾尽心血为她的民族文学前辈浇铸出的一尊闪烁辉煌的雕像，也是她文学之旅竖起的一座十分耀目的里程碑！①

其艺术特色主要体现在三个方面：民族文化溯源，是《尹湛纳希》鲜明的艺术特征；民族精神个体性，是《尹湛纳希》显著的人物特征；诗化的语言，是《尹湛纳希》独具的审美特征。

白长青在《投影于路 援笔为犁——感悟萨仁图娅及她的创作》中，从民族文化和地域文化的视角论述了《尹湛纳希》的价值。他强调，在萨仁图娅的作品中：

> 有着一种浓厚的蒙古族文化情结，有着热烈的蒙古民族的感情，它像火焰一样燃烧着蒙古族文学的激情。
>
> 萨仁图娅从民族的、历史的、地域的角度去解读尹湛纳希，去把握蒙古族文学史上的这个辉煌的篇章，我们从她的作品中也进一步了解了蒙古族文学，认识了尹湛纳希，感悟她的创作的意义。②

乌凤琴在《感受历史的穿越 倾听心灵的对话——论尹湛纳希的〈青史演义〉和萨仁图娅的〈尹湛纳希〉与尹湛纳希的关系》中认为，《尹湛纳希》是萨仁图娅与尹湛纳希进行心灵对话，进而诠释尹湛纳希光辉的巨人形象的一部杰作，并对《青史演义》和《尹湛纳希》的艺术特色进行了比较研究。

---

① 朱虹：《云霞洒满纸 神笔发浩歌——读萨仁图娅长篇传记〈尹湛纳希〉》，《满族研究》，2010年第2期。
② 白长青：《辽海文坛漫步》，北京：社会科学文献出版社，2013年版，第215页。

笔者在《论辽宁蒙古族作家创作的民族学价值——以尹湛纳希、玛拉沁夫、萨仁图娅为主要考察对象》中，论述了萨仁图娅的《尹湛纳希》的民族学价值。认为她激活了民族文化原型，具有民族史的意义；反映了进步的民族观和民族关系论；在一定程度上实现了对民族精神的重构与升华。

## 第二节
## 多方位研究尹湛纳希

萨仁图娅对尹湛纳希进行了多方位多视角的研究，研究成果非常丰富。她在学界率先提出了重视"尹学"学术流派的倡议，并长期坚持不懈地推动这一学术流派的发展。

## 一、相关研究成果

在尹湛纳希研究领域，除完成了《尹湛纳希》和《尹湛纳希传》外，萨仁图娅还撰写了多篇产生了重要影响的学术性文章。其中，有对尹湛纳希进行综合性研究的成果，有分别对他的文学、哲学、文化、思想等进行研究的成果，有对他的家世进行研究的成果，也有对尹湛纳希研究情况进行研究的成果。较具代表性的研究成果有：《尹湛纳希与中国蒙古族文学》《世界文学巨匠尹湛纳希概论》《民族文化奇葩 世界文学经典——蒙文版〈尹湛纳希全集〉编撰的思考》《青史无际说"尹学"》《一方水土立丰碑》《寒芳一枝展素馨——论尹湛纳希咏菊诗的艺术特色》《辽宁省尹湛纳希研究概述》等。

在《尹湛纳希与中国蒙古族文学》中，萨仁图娅全面总结和分析了尹湛纳希对中国蒙古族文学的杰出贡献。文章围绕五个方面展开论述。一是尹湛纳希开创性地建构了蒙古族文学。萨仁图娅首先分析了尹湛纳希家世、生活环境和时代、所受教育等方面的特点。尹湛纳希出生于蒙古贵族家庭——忠信府，属于成吉思汗黄金家族。她写道：

> 忠信府在道木图山下的二水交汇处，二水是大凌河与牤牛河。所在地属于卓索图盟土默特右旗。当时这里不但是漠南蒙古诸部中，距离内地和京师最近的地方，而且也是中原和漠北联系的要冲地带，同时也是清朝皇帝拜祭先祖通往盛京的必经之路，是多民族文化交融之地。

她说，忠信府诗书传家，使得尹湛纳希有条件饱读诗书，游历四方：

> 尹湛纳希学习并掌握蒙、汉、藏、满等四种语言文字，攻读经史典籍，熟读《红楼梦》《水浒传》《三国演义》等中国古典文学，他还游历过内蒙古一些盟旗和国内许多名胜之地，考察风俗民情，结识学者名流，开阔胸襟视野，积累创作素材。

尹湛纳希生活的时代，是中国由盛转衰、陷入巨大社会危机的时代，他本人也经历了由盛到衰的家族、家庭巨变。家族与时代背景，在很大程度上影响了尹湛纳希的文学创作。萨仁图娅还认为：

> 尹湛纳希的文学之根深植于民族文化的土壤里，他的文学创作充盈着传统文化的骨血。他对蒙古文学的建构，传承蒙古族游牧文化和草原文化传统，同时吸收汉族古典文学的精髓。

尹湛纳希创作了蒙古族最早的由文人独创和以现实生活为题材的长篇

小说《一层楼》《泣红亭》，也完成了足以作为民族教科书的《青史演义》。

萨仁图娅在文中论述的第二个方面的内容是源远流长的蒙古族文学的形态与发展轨迹。她重点回顾了蒙古族文学发展所经历的漫长过程，以及在此过程中形成的优秀传统和厚重积淀。

第三个方面的内容是中国蒙古族文学因尹湛纳希而备受世界关注。她写道：

> 持弓而行天下者，乃成吉思汗也；把笔以言青史之人，是尹湛纳希！尹湛纳希被后人称为：漠南神笔。尹湛纳希有另一种伟大与强大，这就是文化的力量，笔的力量，使他成为蒙古民族的又一个巨人——与成吉思汗并肩而立的巨人！尹湛纳希的著作，不仅有汉译本、蒙文本，还有英文、俄文、德文等各种译本在世界各地发行。在国外，有许多尹湛纳希研究的学者专家……尹湛纳希及其作品，已经在世界蒙古学领域里形成了"尹湛纳希研究流派"，并出现了多名这方面的研究员和博士。①

文中的第四个方面内容是尹湛纳希一门父子五作家是世界罕见的文学现象。萨仁图娅认为，这是中国文学史乃至世界文学史上的一个重要而特殊的现象，值得深入研究。

第五个方面的内容，介绍了尹湛纳希故乡人——当代蒙古族作家玛拉沁夫，旨在说明在尹湛纳希的故乡，蒙古族文学传统得到了传承与发展。

在《世界文学巨匠尹湛纳希概论》中，萨仁图娅在分析了尹湛纳希家世、生活的时代、文化传承特点的基础上，重点论述了他的代表作《青史演义》《一层楼》《泣红亭》的文学价值、历史价值和社会价值。她认为，

---

① 萨仁图娅：《尹湛纳希与中国蒙古族文学》，《满族研究》，2008年第1期。

《青史演义》是一部意味深长的旷世之作。她谈道：

> 在客观的历史情势和真实的历史人物的思想与性格的交互影响下，尹湛纳希建构了元朝开国的政治、社会学观，成功地塑造了成吉思汗这个真实的艺术形象。通过对真实的历史事件的具象化和人物的交相融合，完成了对成吉思汗的历史的艺术创造。彪炳青史的成吉思汗，他的功业表现在政治、军事、经济等各个方面。尹湛纳希的《青史演义》全方位地塑造了这个英雄形象，着重表现了成吉思汗的雄才大略和文治武功。

萨仁图娅认为，尹湛纳希的创作，完全建立在忠实于史料和力图重塑民族精魂的基础之上：

> 他把历史事件的展示性叙述与品评性叙述交替使用，从而使得事件在叙述时间的转化中，在展示与品评的双重叙述功能中被铺排开来，不仅获得了线形的过程性完成，而且获得了纵深的意蕴性揭示。《青史演义》足以作为民族的教科书，而其他巨著难以担当此任。

萨仁图娅指出，故事、情节相互衔接的《一层楼》《泣红亭》这对姊妹篇，"是蒙古文学中第一部脱离对民间传说和历史故事的依附，以当时的现实生活为题材的现实主义作品，在蒙古族文学史上占有重要地位"。在《一层楼》中，"不仅描写了青年人的纯真爱情如何遭到了封建制度的无情摧残和破坏，而且反映了挣扎在封建制度下贫苦农民的痛苦生活和呻吟，以及在封建科举制度下穷困潦倒的知识分子的悲惨命运，批判的笔锋指向清王朝的政体。这部小说结构庞大，情节严密曲折"。在《泣红亭》中，"作者暗示，小说中男女主人公历尽周折后的团聚，不过是红楼一梦，荒唐之语，并非现实。作者满怀同情地描述在封建制度的桎梏下的青年男女的不幸遭遇，这是那个历史时代的悲剧。作者透过爱情传奇的纱幕，对封建腐朽势力进行了无情的嘲讽与有力的鞭挞"①。

蒙文版《尹湛纳希全集》出版于 2007 年。萨仁图娅任编撰委员会主任。在主持对经典作品进行再生产的过程中，萨仁图娅围绕相关问题进行了深入思考，并撰写了学术文章《民族文化奇葩 世界文学经典——蒙文版〈尹湛纳希全集〉编撰的思考》。萨仁图娅强调，尹湛纳希的历史地位不容忽视。她站在多民族文化发展的高度，对尹湛纳希做出了全面而精准的评价："鉴于尹湛纳希在文学史上的不朽功勋，在民族语言学方面的贡献及民族文化交流史上的伟大业绩，以及他在史学上的成就及绘画艺术上的造诣，我们可以公正地评价：尹湛纳希已经不仅仅是属于蒙古族的近代伟大作家，他已经成为多民族的在中国近代史上作出不朽贡献的文化巨匠和文化名人。"萨仁图娅结合对尹湛纳希的《一层楼》《泣红亭》《红云泪》《青史演义》以及杂文、诗词等各类文体的作品的选用情况，进一步阐释了相关作品的经典性价值。在谈到《尹湛纳希全集》的结集标准时，萨仁图娅重点论述了所选的经典作品的特点。一是具有鲜明的民族特色，她认为："尹湛纳希不仅是蒙古文学的开创者，而且还是各民族文化交流的先驱者，他无比热爱自己的蒙古民族，同时自觉地融入中华民族，所拥有的大民族观是值得充分肯定的。"二是充盈的诗意，"尹湛纳希像他生命之根的青草一样生生不息，像养育托举他的黄土地一样厚重而执着。凭着他对这片土地的感激与感悟，打动了一代又一代的读者。他的魅力同样不会随着风气的变换而失掉。他的作品是按照心灵符号排列构筑的，也是在展示一种真实的情感。人们会在一些最基本的发现上长久地驻留，从中找到一些未曾

---

① 萨仁图娅：《世界文学巨匠尹湛纳希概论》，《满族研究》，2017 年第 3 期。

变更过的感念，这就是永恒的诗意"①。

《青史无际说"尹学"》，是萨仁图娅撰写的一篇倡导重视"尹学"的学术性文章。下文有详细的评介，在此不做赘述。

在《一方水土立丰碑》中，萨仁图娅分别论述了尹湛纳希父子五人的成就与文学创作特色。她指出，在五父子中，尹湛纳希成就最高，其余四人各有千秋，并且均对尹湛纳希产生了一定的影响。尹湛纳希的父亲旺钦巴勒是爱国者、诗人、民族文化研究者。他撰写的《大元盛世青史演义》前八章，为尹湛纳希创作《青史演义》打下了基础。旺钦巴勒存世的诗歌不多，但我们能够从诗中读到他的人格与人生的价值追求，体验到蒙古民族文化历史的精髓与强烈激昂的生命意识。尹湛纳希长兄古拉兰萨是蒙古族文学史上的著名诗人，"古拉兰萨的诗作，内容丰富多彩，形式庄重严整，对尹湛纳希的文学活动产生了积极影响"。尹湛纳希的五兄贡楚纳克是一位有影响力的诗人，"可以被称为蒙古文学史上第一位悲婉诗人和纯粹个性化的诗人。他的诗作和他的不幸经历对尹湛纳希的文学创作，特别是对创作《一层楼》《泣红亭》产生了较深影响"。尹湛纳希的六兄嵩威丹精同样是一位有成就的诗人。他的诗作，"真切质朴，不假修饰，将胸中沉郁之气一吐为快，故少顿挫回环，亦无抑扬转折，不做比兴，多用赋体"。在尹湛纳希的文学成就中，有着嵩威丹精的一份贡献，"在尹湛纳希创作《青史演义》的过程中，嵩威丹精协助蒙译《通鉴纲目》等汉文书籍"②。

《寒芳一枝展素馨——论尹湛纳希咏菊诗的艺术特色》，是萨仁图娅关于尹湛纳希研究的早期成果之一。文中萨仁图娅从三个方面分析了尹湛纳希咏菊诗的艺术特色：一是托物言志、以菊寄情的表现手法；二是诗中有

---

① 萨仁图娅：《民族文化奇葩 世界文学经典——蒙文版〈尹湛纳希全集〉编撰的思考》，《满族文学》，2009年第3期。
② 萨仁图娅主编：《尹湛纳希纪念文集》，哈尔滨：哈尔滨出版社，2005年版，第167页、第169—171页。

画、情景交融的艺术特色；三是熔铸蒙汉诗词于一炉的艺术探索。观点新颖，评析精当。

## 二、倡导重视"尹学"学术流派

20世纪90年代初，在开始深入研究尹湛纳希之时，萨仁图娅就对"尹学"问题给予了关注，并多次与同道进行探讨。2005年，萨仁图娅关于"尹学"的思考逐渐成熟，撰写并发表了学术文章《青史无际说"尹学"》，系统地阐述了关于"尹学"的一系列问题。

在文章中，萨仁图娅开宗明义，指出"尹湛纳希是蒙古族文学巨匠，他以卓越的创作实践和辉煌的创作成就，开创了蒙古族文学创作的先河，奠定了自己在民族文学发展史和中国近代文学史乃至世界文学史上的重要历史地位，他所创建的'尹学'，亦应引起关注"。随后，萨仁图娅进一步解释，她的学术体系中的"尹学"，"即尹湛纳希所著堪与《红楼梦》相媲美的文学作品《一层楼》《泣红亭》，以及长篇巨著《青史演义》等构成的文学世界，还有文论、政论、美学、美术等各方面的学术成就所形成的独特人文景观和定型的民族文化遗产"。

一位伟大作家或伟大学者，能够凭借文学或学术成就构成学术流派的重要条件是，他必须具有独树一帜的著述，是某一领域的代表性人物，同时，要具有相当大的影响力，拥有一定的追随者。萨仁图娅认为，尹湛纳希创作的"尹学"足以构成一个学术流派。尹湛纳希是伟大的文学家，是我国近代多民族语言学家，是不朽的史学家，是近代史上杰出的进步思想家。更重要的是，他是以毕生精力从事民族文化广泛交流的伟大文化使者。他以卓异的思想与文学风格，影响了时代的文学潮流和学术走向；在他辞世后，凭借卓越的文学成就和不断增加的影响力，吸引了越来越多的追随者。萨仁图娅也指出了"尹学"尚未被世人全面认知的症结所在："由于尹湛纳希是用本民族语言来创作，所以还没有为更多的人所认识，是历史的局限。"

萨仁图娅重点阐释了"尹学"的特色、渊源及形成过程。她认为，"尹学"的特色，可以用四个字即博、大、精、深来概括。博、大，指其所涉猎的学术领域。"在短暂的55年人生历程中，尹湛纳希博览群书，潜心著述，现已发现的存稿就达200万字，内容涉及文学、历史、政论、绘画理论等多领域多学科"。精、深，指的是"尹学"的独特性。"文学创作是一种独特的个性化创造，作家的意识以及表现意识的方式，在深层次上联系着其心理素质、感情世界和精神面貌。亦即独特的个性气质"。尹湛纳希具有独特的个性气质，以独特的方式感知自身的存在，也感知到独特的宇宙。他是"文体大家，称得上是学究天人，笔补造化"。"尹学"的渊源及其形成过程中的核心问题是尹湛纳希的个性气质是如何生成和升华的。萨仁图娅认为，尹湛纳希个性气质的生成，直接源于其家庭环境和生活时代。"尹湛纳希生活的时代，中国历史经历了1840年的鸦片战争和1851年的太平天国等巨大变革，他本人经历了协理台吉的贵族家庭由盛到衰的家道变迁。他一生从未任过官职，除了读书写作，有时为家里查田征租。在查田征租的过程中，他亲眼看到了百姓的穷苦生活，注意到了当时社会存在的贫富悬殊的阶级矛盾"。上述种种，促使他更加深入地思考关于人生、家族、民族、社会等诸多问题，并形成了独特的个性气质。在文学创作中，这种个性气质得到了升华。他将自我感情体验和认识，"自觉化为对外界对象的认识形式，使自己的个性气质升华为作品悲喜交融的抒情情调和艺术形象的个性气质，从对象自我化进而自我对象化，形成他创作的个人风格"。

萨仁图娅提出了关于"尹学"研究的几点思考。这几点思考非常重要，近年的"尹学"研究工作，正沿着萨仁图娅提出与设计的基本路径、目标稳步地发展。萨仁图娅的思考包括四个方面：一是"尹学"研究的重点在于全面解读文本；二是"尹学"研究要形成体系，"成立各级乃至全国尹湛纳希学术研究机构是必要的，出版《尹湛纳希全集》的蒙、汉文本，以及英文版本，也是重要的，在此基础上，还应该定期举办省级和全国性、国际性尹湛纳希学术研讨会"；三是"尹学"研究要结合其家庭背景；四是"尹学"研究要走向世界。"尹湛纳希和他的父兄，理应受到全国乃至全世界更大范围的文化艺术界、历史学术界的称颂和推崇，并加以全面综合研究，也只有这样，我国多民族的文化才有可能展现出更加灿烂辉煌的伟大风采。"①

在倡导重视"尹学"的过程中，萨仁图娅"还为关注'尹学'者打开了一扇扇亮丽的窗口，让人们熟知了她的另一位当代乡贤玛拉沁夫，以及尹学家苏赫巴鲁、扎拉嘎，以及不同国籍、不同肤色的更多的尹学者"②。

## 第三节
## 让世界上更多的人了解、记住和热爱尹湛纳希

为了让世界上更多的人了解、记住和热爱这位中国的少数民族文化巨人，萨仁图娅在对尹湛纳希进行研究、撰写传记、倡导"尹学"的同时，还推动修葺尹湛纳希纪念馆、迁移尹湛纳希家庙，并利用各种方式、各种平台、各种机会，不遗余力地宣传、推介尹湛纳希，促进相关研究和推广工作向更深更实更广的方向发展。

### 一、编写和主编的学术成果、相关文献

自 2003 年起，萨仁图娅先后编写、主编了多部关于尹湛纳希研究的论

---

① 萨仁图娅主编：《尹湛纳希纪念文集》，哈尔滨：哈尔滨出版社，2005 年版，第 200—204 页。
② 内蒙古师范大学中国少数民族作家研究中心编：《萨仁图娅研究专集》，北京：中央民族大学出版社，2005 年版，第 448 页。

萨仁图娅主持编撰的六卷本《尹湛纳希全集》

文集、画册和《尹湛纳希全集》等相关文献，多公开出版。

2003年12月，萨仁图娅主编的《尹湛纳希百家谈》，由中国广播电视出版社（今中国广播影视出版社）出版。书中收录的关于尹湛纳希的评论、研究和纪念性文章，反映了当时尹湛纳希研究的最新成果和动态。

2005年2月，萨仁图娅主编的《尹湛纳希研究》，由辽宁民族出版社出版。书中收录了萨仁图娅精选的重要的尹湛纳希研究成果。

2007年7月，萨仁图娅编著的《尹湛纳希画册》，以蒙、汉、英3种文字推出，由辽宁民族出版社出版。画册共分4部分：《松气苍然惠宁寺》《千古文章一先哲》《黄金家族忠信府》《别有奇功昭后人》。萨仁图娅围绕上述4个主题选编图片。书中的图片，绝大多数为萨仁图娅多年拍摄积累的，部分图片选自《尹湛纳希纪念画册》及有关方面提供。《尹湛纳希画册》不仅是研究尹湛纳希的珍贵资料，也为读者提供了一个了解尹湛纳希的新视角。

2007年7月，由萨仁图娅担任编撰委员会主任委员的《尹湛纳希全集》蒙文版六卷本，作为民族文学工程，由辽宁民族出版社出版，在全国首次推出。该书出版委员会顾问为玛拉沁夫、特沫若，名誉主任委员为于永祥、包玉梅，主任委员为萨仁图娅，副主任委员为李凤山，编委会委员有：郭岩、佟立、李国华、李志杰、白丽娟、援朝、朱虹、王玉山、斯日古愣、韩辉升。《尹湛纳希全集》蒙文版收录了尹湛纳希的传世经典作品《一层楼》《泣红亭》《红云泪》《青史演义》等。全集一经推出，即受到了广泛关注，学界人士和广大蒙文读者争相求购，并给予高度评价。内蒙古作家协会主席满全认为，全集内容丰富，紧扣时代主题，能够很好地满足蒙古文学爱好者的阅读需求，具有较高的文化价值。全集在内容上实现了突破，具有文学的经典性和文化的交融性等特点。中国蒙古文学学会副会长、中央民族大学中国少数民族语言研究院副院长朝格吐教授认为，《尹湛纳希全集》是民族经典书系，是体现中华民族相互交流、相互影响，形成"你中有我，我中有你"关系的优秀文化读物。2018年9月，《尹湛纳希全集》蒙文版六卷本再版。

2007年12月，萨仁图娅主编的《尹湛纳希纪念文集》，由哈尔滨出版社出版。书中收录了辽宁省原副省长林声和萨仁图娅、韩秀晨、李志杰、赖炳文、金玉、胡希久等多位专家撰写的纪念性文章、学术性文章、诗词等。

2017年10月，萨仁图娅主持编辑了《第二届尹湛纳希研讨会——纪念尹湛纳希诞辰180周年论文集》。

2021年12月，萨仁图娅主持编辑了《第三届尹湛纳希研讨会论文集》。

## 二、组织、主持尹湛纳希系列纪念活动、研讨会

自20世纪80年代起，作为尹湛纳希的故乡人、尹湛纳希研究专家的萨仁图娅即积极参加、组织和主持各级各类尹湛纳希纪念活动、学术研讨会等。

1987年6月18日，在尹湛纳希纪念馆落成之际，为纪念尹湛纳希诞辰

150周年，内蒙古尹湛纳希研究会、辽宁省朝阳市尹湛纳希研究会、北票市尹湛纳希研究会联合召开了首次尹湛纳希学术研讨会。来自全国各地的专家、学者共100多人出席了大会。萨仁图娅参加了学术研讨。

1997年6月24日，"纪念尹湛纳希诞辰160周年学术研讨会"在朝阳举办，著名文化学者、辽宁省政协原常务副主席林声，国宝鉴定大师杨仁恺，著名文化学者彭定安等出席大会。萨仁图娅参与了大会组织工作，并参加了研讨。

2003年12月，为纪念尹湛纳希诞辰166周年，中国蒙古文学学会与朝阳市文联联合举办了"纪念尹湛纳希诞辰166周年学术研讨会"。萨仁图娅是本次大会的主要发起人和组织者，并与内蒙古大学教授、时任中国蒙古文学学会副会长的刘成共同主持了研讨会。

2007年11月3日，由辽宁省民族事务委员会（今辽宁省民族和宗教事务委员会）、辽宁省文史研究馆、辽宁社会科学院主办的"辽宁省纪念尹湛纳希诞辰170周年研讨会"在沈阳举行。著名作家、文化学者、辽宁省人大常委会原副主任王充闾，著名文化学者、辽宁省政协原常务副主席林声及来自各地的专家、学者100多人参加研讨会。研讨会由萨仁图娅主持。会上，由萨仁图娅编著的《尹湛纳希画册》及担任编撰委员会主任委员的《尹湛纳希全集》蒙文版首发。

从2016年至2021年，在萨仁图娅的倡导和推动下，陆续在蒙古国和中国举办了3届中蒙尹湛纳希研讨会。这些高规格的学术活动，对于加强尹湛纳希研究，扩大尹湛纳希的国际影响，促进中蒙文化交流，起到了极其重要的作用。

首届中蒙尹湛纳希研讨会于2016年5月12日至13日在蒙古国中央省省会宗莫德市举行。活动由辽宁省人民对外友好协会和蒙古国中央省联合主办。萨仁图娅做主旨报告。萨仁图娅、宝树国、乌凤琴、宝振宇等中国尹湛纳希研究专家和蒙古国专家、学者在大会上做学术发言。来自中国的代

2016年，萨仁图娅在首届中蒙尹湛纳希研讨会上与相关人员合影

表、辽宁省人民对外友好协会副秘书长吴雪冰等及蒙古国中央省议长门德赛汗、中央省省长巴雅尔巴特、世界蒙古族作家联合会主席呼兰等出席了研讨会。在研讨会筹备过程中，萨仁图娅做了大量沟通与协调工作，使大会得以成功举办。

2017年10月30日，萨仁图娅参与组织的第二届中蒙尹湛纳希研讨会在沈阳举行。活动由辽宁省人民对外友好协会、蒙古国驻华大使馆主办。时任辽宁省委常委、统战部部长的范继英与时任蒙古国驻华大使丹巴·冈呼亚格出席研讨会并致辞。萨仁图娅、包红梅、叶立群、王立、曹萌、刘鹤岩等中国尹湛纳希研究专家和来自蒙古国的专家、学者，分别就尹湛纳希的生平家世与生命轨迹、创作成就、作品特色、纪念与研究的价值、象征意义等问题进行了深入研讨。在此前的2017年10月27日，由辽宁省民族和宗教事务委员会、辽宁省文化交流协会民族与宗教委员会联合主办，辽宁省蒙古族经济文化促进会承办的纪念尹湛纳希诞辰180周年活动成功举行。萨仁图娅主持了活动。

2021年12月22日，第三届中蒙尹湛纳希研讨会在沈阳举行。萨仁图娅作为研讨会的重要组织者、中方专家参加了会议。研讨会由辽宁省人民对外友好协会与蒙古国驻华大使馆共同主办，时任蒙古国驻华大使的巴德尔勒、辽宁省人民对外友好协会副会长李承志致辞。来自中国的尹湛纳希研究专家萨仁图娅、叶立群（笔者）、乌凤琴、瞿鹏、阿勒得尔图、于珧，与6位来自蒙古国的专家、学者围绕尹湛纳希的价值、成就等相关问题进行了深入研讨。

## 三、在国内国际交流中推广尹湛纳希

在国内国际交流中，萨仁图娅利用一切机会、平台和途径，推广和介绍尹湛纳希及他的伟大成就。

2000年6月，朝阳市尹湛纳希研究会成立，为了加大对尹湛纳希研究、推广的力度，时任朝阳市文联主席、作家协会主席的萨仁图娅任首任会长。在此前的1987年，朝阳市和北票市民委曾分别成立了尹湛纳希研究会，后因社团整顿，朝阳市尹湛纳希研究会的职能被并入朝阳市蒙古语文学会。2000年，经萨仁图娅等人的努力，朝阳市尹湛纳希研究会重启。萨仁图娅以研究会为依托，带动和影响相关人员，在研究、宣传和推广尹湛纳希的工作中，发挥了重要作用。朝阳市尹湛纳希研究会不断邀请各界人士齐聚朝阳，向他们推介尹湛纳希。同时，他们也创造机会，外出参加交流活动，并重点宣传和介绍尹湛纳希。国内文化界、文学界人士如贺敬之、玛拉沁夫等到访朝阳，萨仁图娅均参与陪同，并邀请他们为尹湛纳希题词。

同样重要的是，多年来，萨仁图娅还以中国蒙古文学学会副会长、辽宁省文化交流协会民族与宗教委员会副主任、辽宁省蒙古族经济文化促进会会长等身份，在对外交流中，通过参会、访问、陪同参观与调研、接受采访等机会，以介绍、演讲、赠阅相关著作和文献、发表文章等形式，向国内特别是国际推介尹湛纳希。2014年10月18日，蒙古国中央省议长门德

萨仁图娅撰写的《尹湛纳希赋》被雕刻于尹湛纳希文化园的文化墙上

赛汗一行四人到访北票市，萨仁图娅陪同他们参拜了尹湛纳希纪念馆、尹湛纳希文化园、尹湛纳希家庙惠宁寺等，并做了全面介绍。2016年5月11日，萨仁图娅随中国代表团到访蒙古国。蒙古国教育文化科技体育部高级官员会见了萨仁图娅，并就尹湛纳希研究的相关问题进行了交流。代表团向蒙方赠送了萨仁图娅的《尹湛纳希传》和《尹湛纳希画册》。萨仁图娅还多次接受中央电视台、蒙古国电视台等重要媒体的采访，介绍尹湛纳希。

2019年，萨仁图娅邀请著名画家潘树声、赵连志、文世彪、国富等为尹湛纳希画像，艺术性地呈现了这位民族文化巨人的形象。她以画像为媒介，向国内外推介尹湛纳希。

# 四、撰写《尹湛纳希赋》

2014年，萨仁图娅撰写了《尹湛纳希赋》。这篇赋文，追溯了尹湛纳希短暂、坎坷却创造了辉煌的一生，颂扬了这位蒙古族文化巨人的不朽功勋。《尹湛纳希赋》，文笔精练，行文流畅，情感充沛，格局开阔，意蕴深刻，是一篇杰出的文学作品，也是尹湛纳希研究成果的结晶。赋文被以汉、蒙两种文字雕刻于尹湛纳希文化园的文化墙上，成为园中的重要文化景观。《尹湛纳希赋》全文如下：

　　辉映北斗，星起川州。蒙古文圣，飚举骅骝。承黄金家族之嫡裔，袭成吉思汗之兜鍪。华枝究本，忠信府诗书继世，旺脉溯根，土默川忠孝源流。

　　少秉神聪，慧启家塾，蒙汉满藏，四文精通，秉气节于先父，濡文华于长兄。东坡斋中，浸染经史；楚宝堂上，打磨丹青。绿波亭管弦和鸟语，荟芳园刀剑舞鸡鸣。砚背百里，传尚学之美誉，惑询七爷，赢智者之乡评。饮酒赋诗，少年义气；数文论武，家国纵横。博古今而交青毡友，悦山水而濯红尘缨。

　　挞腐吏而悲苍生愤，恤黎民而忧大众忡。听暮雨潇潇，腋生双翼诗忆慈母；睹乞瓮切切，米施五升佛心悯农。薄发始于厚积，黄卷不负青灯。漫笔长歌，衷愫缱绻。《一层楼》梦中再梦；隐抒胸臆，波澜翻奇，《泣红亭》情里生情。半部红云之泪，怅憾未尽之衷。译文百万，卷开石头面目，餐红楼之霞锦；赋诗千行，笔下自成一格，翻故土之芳苓。仰沐天风，沉吟史脉；俯察地理，心傲贤宗。续先严之未竟，述圣武之英明。大元盛世，泣血纵笔太祖传奇；青史演义，倾情抒写忠肝骁雄。开蒙族之史卷，滚草原之雷霆。鸿鹄振翼，掠天风而高矗；风驼奋蹄，啸朔漠而驰腾！

　　国运衰败，家势难兴。金丹道教会作乱，忠信府书焚一空。屋漏遭连夜之雨，行船遇打头之风。娇妻早殁，爱子天横。一代圣贤，孤赢笔耕。辽西地风雕瘦雪，药王庙病故英灵。长云漠漠，穹苍韵冷。冰凌泣泪，凄挽润亭。呕心为补天之梦想，文业塑民族之魂灵。

　　世有脊梁，不坠苍穹。青山作证，碧园留凭。蒙汉文化交流之先驱，蒙古文学开山之师宗。誉满天地言立德成，光永日月丰碑高耸。故为之赋，永世诵功！

# 第九章
# 民族精魂的歌者（二）：壮写民族魂

　　从2011年至2016年，萨仁图娅先后完成并出版了三个版本的成吉思汗诗传，开创了诗歌体成吉思汗传记的先河。三个版本的诗传陆续出版后，在文学界和读者中引起了强烈的关注和较大的反响。评论界认为，萨仁图娅以不同寻常的视角，独特的形式，站在历史、文化、民族和世界的高度为成吉思汗立传，具有极其重要的价值和意义。

壮写民族魂，萨仁图娅为成吉思汗立传。从2011年至2016年，她先后完成并出版了三个版本的成吉思汗诗传，开创了诗歌体成吉思汗传记的先河。2011年5月，"中国皇冠诗丛"第一辑推出萨仁图娅撰写的《天骄——成吉思汗》，由广西美术出版社出版。2011年12月，辽宁民族出版社出版《风云千年：成吉思汗诗传》。2016年12月，辽宁民族出版社出版《成吉思汗诗传》。三个版本的诗传陆续出版后，在文学界和读者中引起了强烈的关注和较大的反响。评论界认为，萨仁图娅以不同寻常的视角，独特的形式，站在历史、文化、民族和世界的高度为成吉思汗立传，具有极其重要的价值和意义。

# 第一节
# 为成吉思汗立传

蒙古族是中华民族的重要成员，植根于广阔的大草原，驰骋于奔腾的马背上，引弓射日，独占一份荣光。与蒙古族密切关联的名字，首先是成

吉思汗。他既是蒙古族的荣光与骄傲，也是在中国历史上做出重大贡献的伟大人物。为成吉思汗立传，是萨仁图娅蓄积已久的愿望。她写成吉思汗，首先在于他的伟大，他是影响了历史和世界的民族英雄。在《天骄——成

《天骄——成吉思汗》与《风云千年：成吉思汗诗传》

吉思汗》后记中，萨仁图娅写道：

　　我是蒙古族人——一个远离故乡的蒙古族人，根在草原，心有感念，怎不格外崇敬成吉思汗？一代天骄成吉思汗——一位让人心头灼热不凡的人，是用战马踏出一条中国通向世界文明新路的伟人！他在历史上创造了许多辉煌和极限，为中华民族的统一发展作出卓越贡献，对人类历史进程产生重大而深远的影响，有"世界征服者"的美誉。《美国华盛顿邮报》依据由谁缩小了地球，拉近了世界为原则，评选出成吉思汗为千年风云第一人。让我以及许许多多的人，从成吉思汗并未远去的伟岸身影中，体味千古不衰的特殊品质能力，领略属于当代人的宝贵遗产，获取思考上的提升。①

在《风云千年：成吉思汗诗传》后记中，萨仁图娅补充道：

　　一个没有英雄的民族是可悲的民族——这是世人共识。一个拥有英雄的民族注定伟岸强盛！一个拥有英雄的时代也势必风起云涌！②

萨仁图娅写成吉思汗，是回应心灵的召唤：

　　家乡是蒙古族文学源头之地，开创蒙古族文学先河的文化巨人尹湛纳希及父兄就曾经生活在北票，当代著名蒙古族作家玛拉沁夫也是这方水土人。还有家乡境内红山文化遗址牛河梁，所出土的红山女神经考古专家认定是蒙古利亚人。就这样，我自小受

---

① 萨仁图娅：《天骄——成吉思汗》，南宁：广西美术出版社，2011年版，第294页。
② 萨仁图娅：《风云千年：成吉思汗诗传》，沈阳：辽宁民族出版社，2011年版，第294页。

到草原文化与汉文化两种文化的浸染与熏陶，随着时间年轮的增长，生命意识中的民族意识、文化意识同步增强，乃至成为一种情结。①

萨仁图娅为成吉思汗作传，也是一分责任使然，她谈道：

> 千年风云第一人——一代天骄成吉思汗，从草原孤儿，到世界征服者，他属于中华民族，属于整个世界，属于我们大家！为了走近，我跋涉、寻觅、体悟，追赶。②

关于成吉思汗，中外作家已经创作了大量不同形式的文学艺术作品。其中仅传记就有多个版本。要想写得有新意，有突破，就要另辟蹊径。萨仁图娅经过认真思考，决定以诗歌的形式为成吉思汗作传。她之所以做出这样的选择，主要出于两个方面的考虑：一是自己是诗人，更擅长以诗歌的形式诗意地解读成吉思汗；二是此前尚未出现此种形式的成吉思汗传记，具有创新和填补空白的意义。

萨仁图娅出版的3个版本的"成吉思汗诗传"，主体内容与基本结构大致相同，但每个新的版本，都较之前的版本重新做了立意、思考，并修改或增删了部分内容。在此过程中，萨仁图娅对书写成吉思汗的价值与意义，也有了更新、更深的理解。《天骄——成吉思汗》由《序歌开篇——中华雄魂》《非尾声——千年震撼》和9个正文篇章组成。9个篇章依次为：《登基开天 八荒一统》《草原之根 蒙古族源》《横空出世 千般磨砺》《五箭训子 人间贤母》《朔漠天骄 雄酋草原》《北伐南征 逐鹿中原》《圣主之爱 铁骑踏梦》《日月为轮 上帝神鞭》《安歇马背 尸骨之谜》。《风云千

---

① 萨仁图娅：《天骄——成吉思汗》，南宁：广西美术出版社，2011年版，第294—295页。
② 萨仁图娅：《天骄——成吉思汗》，南宁：广西美术出版社，2011年版，第295页。

年：成吉思汗诗传》由《序歌：浩浩千年　至大无边》《并非尾声——震撼至远》和9个正文篇章组成。《成吉思汗诗传》由《序歌：当我擎举千年不息的圣灯》《并非尾声——永远的成吉思汗》和9个正文篇章组成。在后两个版本中，萨仁图娅对相关内容做了修改：一是对于部分情节，依据新考证的史料做了补充和校正，表述上也更加精准；二是在重新思考和修改作品的过程中，她对书写成吉思汗的意义、价值有了新的认知，并对内容和结构做了适当的调整。

## 第二节
## 大者至远：众评萨仁图娅的成吉思汗诗传

萨仁图娅创作的关于成吉思汗的三部诗传，是她在新世纪完成的重要作品。在创作过程中，她深刻而又充满诗情地演绎了一代天骄成吉思汗的奋斗历程和不朽功业，体现了强烈的历史意识、民族意识和文化意识。3部诗传，也是当代长篇史诗作品的典范之作，其彰显了作者先进的创作理念：一是长诗之长，不仅在于篇幅与数量，不可忽视的是

《成吉思汗诗传》封面

其之大之重；二是民族题材长诗创作，是对民族血脉的传承、对民族精神的讴歌、对民族文化的彰显，其核心在于实现历史叙事与艺术表现的深度融合。萨仁图娅认为，民族题材长篇史诗传承着民族血脉、承载着民族的文化基因。作为少数民族诗人，她在时间之河中泛舟所进行的民族探源，不仅是心灵之旅与洗礼，更有着使自己纳入民族延续的永恒长河的欣慰。她深知，若不识民族历史，就不知自己从何处来，往何处去。创作民族题材的长诗，是她的一分情结，更是一种责任。在书中，萨仁图娅对成吉思汗进行了全新的定位：走向统一、走向世界，成吉思汗别树的大纛迎风烈烈；他属于中华民族，属于整个世界，属于我们大家！萨仁图娅以独特的方式架构作品、展开情节：本着以历史事实为依据，以人物生命轨迹为主线，以13世纪以来的宏阔历史为背景，在850年的历史长河中寻脉追根、证史求真，力求思接千载，视通万里，把握精髓，在故事性的叙述中交织着抒情与评论。在具体行文中，她调动多种手段写出了自己的认知与创意，在语言、意境和韵律方面，注重对成吉思汗诗性意义的把握。

3部诗传陆续出版后，评论家、学者们从不同角度阐释了它们的价值与特色。

刘冬梅的《成吉思汗的诗意解读——萨仁图娅和她的诗集〈天骄——成吉思汗〉》，从作品的内容选取、布局谋篇、人物形象塑造、语言、修辞等多个方面论述其艺术特色。刘冬梅认为：

> 《蒙古秘史》是一部记述蒙古民族形成、发展、壮大之历程的历史典籍，是蒙古民族现存最早的历史文学长卷。它是研究成吉思汗诞生、早年经历的艰辛、实力逐渐壮大、逐渐战胜众多强敌、统一蒙古地区诸部落、建立蒙古国、制定法典、巩固政权、扩展蒙古国的统治范围、征金、灭西夏、西征等事件的第一手材料。

萨仁图娅的写作尊重史实，她从《蒙古秘史》中选取内容，确保了诗传的可信度、真实性、权威性。"在篇章布局上，首尾呼应，线索明晰，采用夹叙夹议兼抒情的表达方式"，增强了表达效果。《天骄——成吉思汗》的又一重要成就是成功地塑造了传主成吉思汗和他的亲人、追随者的艺术形象。刘冬梅指出，萨仁图娅不但用多种手法塑造了成吉思汗的形象，更为可贵的是，她还用大量的笔墨刻画了成吉思汗的母亲诃额仑夫人、大皇后孛尔帖的形象：

> 诗人从不吝啬自己对诃额仑夫人的赞美。"没有凌云的翅膀／空中的雄鹰不可能飞翔／没有如风的坐骑／草原上的人不可能驰骋／没有专门的学堂／大漠荒野的孩子又是如何成长／伟大的母亲诃额仑／巨大心理能量的给予者／是铁木真即成吉思汗的人生设计师。"铁木真的大皇后也就是他的患难妻子孛尔帖，也是诗人极力歌颂的一位女性。孛尔帖九岁和铁木真定亲，新婚不久就被蔑儿乞人抢走。铁木真在王罕的帮助下救回孛尔帖。诗人在这里展开了抒情："山岩高耸的不儿罕山／永远不会崩坍／相好的两颗心／永远不会离散／水流千里的斡难河／永远不会枯干／相爱的两颗心／永远不会改变／成吉思汗与孛尔帖永永远远。"孛尔帖不仅端庄美丽，而且聪明贤惠识大体。在很多重大事情的决策上，她也能提出一些很合理的建议。[①]

刘冬梅认为，萨仁图娅在"语言方面注意炼字锻句，运用了具有民族特点的修辞方法"。她还"引用了蒙古族的民间故事、歌谣、谚语，包含了大

---

① 刘冬梅：《成吉思汗的诗意解读——萨仁图娅和她的诗集〈天骄——成吉思汗〉》，《辽宁经济职业技术学院·辽宁经济管理干部学院学报》，2012年第5期。

量的蒙古族风俗习惯"①。既使作品富有文采，又增加了作品的文化含量。

笔者在《当代辽西的文学世界》中，肯定了萨仁图娅通过为成吉思汗立传而升华民族精神、强化民族认同感的价值和意义。文中写道：

> （《成吉思汗诗传》）追古思今，荡气回肠，以"只有担负起整个民族的振兴方为无限本身的英雄"的历史论断和"不仅仅是我还是周围的人乃至所有人崇敬也应崇敬创造历史的英雄"的文化情怀，揭示了蒙古族民族精神的内涵：坦荡、博大、深邃、粗犷、苍凉与强悍。

笔者在《论辽宁蒙古族作家创作的民族学价值——以尹湛纳希、玛拉沁夫、萨仁图娅为主要考察对象》中，分别从对民族文化原型的激活、强调进步的民族观、对民族精神的重构与升华等角度，论述了《风云千年：成吉思汗诗传》的文化价值与艺术特色：

> 萨仁图娅为了寻求民族精神力量之源，对蒙古族的起源、成长、衰落的全过程进行了深入探寻和艺术性呈现。特别是在对民族和民族文化发源信息的寻觅中，让人们窥见了源自历史深处的民族精神之光。在《风云千年：成吉思汗诗传》中，全面展示了蒙古族起源的传说，太阳女儿说，化铁出山说，苍狼白鹿说。这些生动久远的传说，对蒙古族人的物质生活和精神生活产生过重大影响，在民族成长中留下了永久的印记。

笔者认为，萨仁图娅在创作中，一直呈示着鲜明的民族观：

---

① 刘冬梅：《成吉思汗的诗意解读——萨仁图娅和她的诗集〈天骄——成吉思汗〉》，《辽宁经济职业技术学院·辽宁经济管理干部学院学报》，2012年第5期。

她既强调对本民族传统与文化的珍视，对民族精神的坚持、传承与发扬，又强调民族平等、民族团结、民族融合特别是文化融合的趋势与力量。自尊自强，平等相待，开放融合，共同发展，是萨仁图娅大民族观的核心内容。

萨仁图娅笔下的成吉思汗与尹湛纳希，都是蒙古族文化精神的路标。萨仁图娅在表现成吉思汗等蒙古族历史人物时，笔者认为：

> 她将笔触探入蒙古族历史与文化的纵深地带，深入人物内心世界，塑造了具有厚重文化内涵和深沉历史意识的人物形象。
>
> 作家将成吉思汗所承载的民族精神成功地接入了中华文化的大传统，并最大限度地升华了民族精神，强化了中华民族意识和认同感。她在书中写道："一个民族不能缺少英雄／出英雄的时代必然风起云涌／走近成吉思汗就走进威武雄壮／那是何等的浩荡心胸广纳四海／又是怎样的超凡力量铁骑纵横／挑战极限所创建的帝国举世无双／所建树的勋业永世辉映／统御万邦的智慧让人望尘莫及／所打造的精神融入大中华血脉中。"[1]

安彩宁的《论〈风云千年：成吉思汗诗传〉中的民族文化原型激活》，围绕萨仁图娅在对民族文化原型的激活、赋予原型批评理论新的意义等方面做出的努力等问题，进行了集中论述。她认为，作品通过对蒙古族民族文化原型的激活，使历史英雄人物成吉思汗，既具有历史的纵深感，又具有文化的穿透力，更是成为蒙古族文化精神的指向标。首先，在诗传的构思与设计上，萨仁图娅已经把蒙古族传统文化的因素注入其中。随之，她

---

[1] 叶立群：《论辽宁蒙古族作家创作的民族学价值——以尹湛纳希、玛拉沁夫、萨仁图娅为主要考察对象》，《满族研究》，2017年第4期。

2020年，萨仁图娅参加第三届丝绸之路国际诗歌艺术节，《成吉思汗诗传》获优秀诗集奖

将大量蒙古族的民间故事、歌谣、谚语、风俗习惯等巧妙地融入叙事中。安彩宁谈道：

> 新世纪以来，少数民族作家本着注重历史、注重文化的价值取向，在对民族文化、民族精神、民族活力的艺术观照中，创造出博大精深的文学世界。正是像萨仁图娅一样具有高度文化自觉意识的作家的存在，少数民族文学才得以进入历史视角的民族记忆，更深入把握民族内核的特质。所以，我们不仅要看到少数民族文学独特的文学价值和史学价值，还必须深度挖掘其不可估量的民族学意义，在重审和重构历史中赋予民族精神以新的时代内涵。①

2020年12月20日，在第三届丝绸之路国际诗歌艺术节上，《成吉思汗诗传》获得殊荣，荣获优秀诗集奖。评委的评语是：

---

① 安彩宁：《论〈风云千年：成吉思汗诗传〉中的民族文化原型激活》，《视界观》，2020年第2期。

　　萨仁图娅的《成吉思汗诗传》以史诗般的架构和笔触，以开阔而恢宏的气势，开启历史之门，穿过幽幽时光隧道，让我们诗意地走近一代天骄成吉思汗，可谓出手不凡，卓然自成气象。

萨仁图娅在获奖感言中说：

　　诗与丝路与远方相遇交融成歌！古老牧歌与绝尘马蹄与声声驼铃相伴！我因成吉思汗而荣！成吉思汗被称为一代天骄。他在历史上创造了许多辉煌和极限，对人类历史进程的影响重大而深远。美国《华盛顿邮报》依据由谁缩小了地球、拉近了世界为原则，评选成吉思汗为千年风云第一人。我以及许多的人，从成吉思汗并未远去的伟岸身影中，体味千古不衰的特殊品质能力，领略属于当代人的宝贵精神遗产。关于成吉思汗，中外作家已推出许多不同版本的小说作品，更有许多影视作品面众，我尝试诗意解读。天地英雄气，千秋尚凛然。我写《成吉思汗诗传》，是心灵的召唤，是一分责任使然。开启历史之门，穿过时光隧道，回望，前瞻！走近成吉思汗，让诗歌也可以是雄壮历史的另一个名字！仰望英雄，砥砺精神，成吉思汗是战无不胜的代名词！成吉思汗属于世界，《成吉思汗诗传》愿让一种无敌天下的中华气概，诗意流传！久久远远！①

---

① 《萨仁图娅获第三届丝绸之路国际诗歌奖》，辽宁作家网，2021年1月5日，http://www.liaoningwriter.org.cn/news-show-17867.html。

# 第十章
## 民族精魂的歌者（三）：
## 让民族文化之花永久绽放

  多年来，萨仁图娅将很多精力投入弘扬民族文化、中华优秀传统文化、建设中华民族共有精神家园的工作中，并致力于对蒙古族非母语创作的研究。她编写和主编了多部关于民族文化、民族团结和中华文化的著作，其中较为重要的有5部：《蒙古族》《大美中华》《大型蒙古族艺术典藏系列丛书》《中华民族大家庭——五千年民族风情集萃》《中国民间故事导读》。出版了重要学术著作《蒙古族非母语创作研究——以辽宁为例》。

在萨仁图娅家中最为醒目的地方，挂着一面阜新蒙古族自治县赠送的锦旗，上书"蒙古族骄子"。萨仁图娅格外珍视这面锦旗。笔者认为，"蒙古族骄子"的重要内涵之一，是指她为弘扬蒙古族民族文化和中华文化、增进民族团结做出了杰出贡献。她不仅是蒙古族民族精魂的歌者，也是中华民族民族精魂的歌者。

## 第一节
## 从《蒙古族》到《大美中华》

多年来，萨仁图娅将很多精力投入弘扬民族文化、中华优秀传统文化、建设中华民族共有精神家园的工作中，并致力于对蒙古族非母语创作的研究。她撰写和主编了多部关于民族文化、民族团结和中华文化的著作，其中较为重要的有5部：《蒙古族》《大美中华》《大型蒙古族艺术典藏系列丛书》《中华民族大家庭——五千年民族风情集萃》《中国民间故事导读》。

《蒙古族》一书出版于2014年12月，是辽宁民族出版社推出的《走近

《蒙古族》封面

中国少数民族丛书》之一。丛书主编丹珠昂奔在总序中写道：

> 为了进一步宣传我国少数民族的历史文化和民族风情，增强
> 对少数民族的认识，宣传党的民族政策和方针，加强各民族之间
> 的了解与沟通，让读者了解少数民族文化，加深对我党民族政策
> 的理解，中华人民共和国国家民族事务委员会文化宣传司和辽宁
> 民族出版社共同策划了《走近中国少数民族丛书》。①

丛书共55卷，分别介绍了我国55个少数民族的历史、文化、习俗等。
作者多为来自各民族并与民族研究工作相关的专家、学者。萨仁图娅承担
了撰写《蒙古族》的任务。经过充分准备、精心构思，她凭借深厚的学养
和多年的积累，率先完成了创作，为丛书的撰写提供了重要参考和成功范
例。在构思过程中，萨仁图娅认为，蒙古族历史悠久，文化壮美，风格独
特，一定要充分展示出民族特征、民族性格、民族独特历史、民族特色文
化。因此，她在整体架构和内容安排上，将全书分为11章，分别为《蒙古
族历史源远流长》《千年风云人物第一人成吉思汗》《大哉乾元——历史上
的元朝》《独具魅力的民族风情》《浩大壮美的文化》《文化巨人尹湛纳希》
《神奇蒙医药与自然科学》《原始崇拜与宗教信仰》《名胜古迹与风光概览》
《人物春秋与历史记忆》《芳草连天 欣欣向荣》。在对故事和图片的选择
上，注重代表性和典型性。在讲述方式上，注重鲜活真切，体现出对话性，
让这本书引领读者"在自然的状态里领略这个马背民族风采并吸取历史精
髓的同时，还足以获得审美愉悦以及思考上的提升"，让读者"同蒙古族对
话，感受马背民族的风采，领略其独特的璀璨风情与文化精髓"②。《蒙古

---

① 萨仁图娅：《蒙古族》，沈阳：辽宁民族出版社，2014年版，第1页。
② 萨仁图娅：《蒙古族》，沈阳：辽宁民族出版社，2014年版，第5页。

2019年，萨仁图娅在《大美中华》品享会上

族》出版后受到了广大读者的欢迎。为了满足读者的需求，2016年4月23日，在辽宁省第五届全民读书节暨第八届沈阳全民读书季活动中，辽宁出版集团有限公司、辽宁民族出版社在沈阳新华购书中心举办了"马背上的传奇，大草原的味道——《走近中国少数民族丛书·蒙古族》联谊签售会"。萨仁图娅与到场的读者交流了关于《蒙古族》的创作情况，并做了一场关于弘扬蒙古族传统文化的精彩演讲。

萨仁图娅编著的《大美中华》，2018年7月由辽海出版社出版，该书被列为2019—2020年全国农家书屋重点图书推荐目录。她编著这套书的目的，是希望读者更加了解"大美中华"，进而更加热爱"大美中华"。萨仁图娅在后记中写道：

> 让更多的人了解大美中华文化，是一种传承，是一种传播。中国传统文化有几千年历史，在长期发展过程中，不断与其他文化交汇、互撞，消亡的东西逐渐消亡，美好的东西日益凸显，这

正是传统文化具有强大文化生命力与凝聚力的表现。[①]

　　《大美中华》的出版，在使广大读者充分认识中华民族大家庭多元一体的风貌，领略多姿多彩的民族文化等方面，发挥了重要作用。这套书共3卷，分别是《大美中华——56个民族概览》《大美中华——民俗风情导读》《大美中华——传统节日集锦》。在编写过程中，萨仁图娅确定的指导思想是兼顾知识性、思想性、故事性，做到图文并茂。《大美中华——56个民族概览》，全面介绍了56个民族的概况，呈现多元一体的各民族的风姿风采。具体到各民族，重点展示了民族历史与特色文化。如汉族，介绍了汉族的由来与发展、现代汉语、汉族风俗、汉族建筑形式、汉族服饰、传统观念与炎黄认同等。蒙古族，介绍了蒙古族起源、千年风云人物、博大壮美的蒙古族文化、蒙古族服饰、蒙古族民居、蒙古族节日等。苗族，介绍了苗族概况、苗族聚居区、苗族起源、苗族习俗、苗族服饰等。满族，介绍了满族起源、满族服饰、满族民居、满族礼仪、传统节日颁金节、满族文化、满族禁忌等。《大美中华——民俗风情导读》，分别介绍了千姿百态的中华风情、衣冠王国的精湛绚丽、四季有别的各地饮食、造型各异的民族建筑、江山多娇等内容。《大美中华——传统节日集锦》，介绍了古往今来的中国节和各民族的岁时风俗。2021年7月，《大美中华》亮相于在济南举办的第30届全国图书交易博览会，受到了广泛关注。7月16日，辽海出版社在书博会现场举办了《大美中华》读者见面会，萨仁图娅与到场的嘉宾和读者进行了交流。当代著名作家、中国作家协会副主席、茅盾文学奖获得者张炜为读者见面会发来贺词。他在贺词中说：祝贺萨仁图娅《大美中华》三卷本的出版发行，这套书融历史性、知识性、趣味性于一体，会受到读者的喜爱。

---

① 萨仁图娅：《大美中华——56个民族概览》，沈阳：辽海出版社，2018年版，第193页。

　　《大型蒙古族艺术典藏系列丛书》蒙汉英3种文字对照，由萨仁图娅、呼格吉乐图任主编，2017年由辽宁民族出版社出版。丛书共9卷，分别为《蒙古族瓷器》《蒙古族纹饰》《蒙古族铁艺》《蒙古族游牧人的物质文化》《蒙古族马具》《蒙古族泥塑》《蒙古族皮艺》《蒙古族刺绣》《蒙古族服饰》。丛书全方位介绍了蒙古族在造型艺术方面的成就，首次向世人全面展示了蒙古族优秀的艺术典藏。丛书集蒙古族民间艺术之大成，汇马背民族思想情感与艺术审美于一体，具有艺术性、史料性、交流性等特色。萨仁图娅在序言中介绍：

　　　　所收典藏艺术品，以其历史发展脉络为主线，从历代艺术品的种类、形制、纹饰、工艺等方面，集中反映了蒙古族人在不同历史时期的艺术、审美、风情等历史风貌，涵盖了不同地域的蒙古族艺术，全面系统地展示蒙古族的艺术发展轨迹，以及同时代、不同地域的民族工艺特色及内涵。从品类、用途和制作工艺等方面进行具体呈现，通过时代的纵向比较和地域的横向比较，揭示出蒙古族艺术发展中的异枝与同脉。[1]

　　这套丛书的出版，为专业研究人员提供了宝贵的第一手资料，对于推动挖掘、整理和弘扬蒙古族优秀传统文化工作，起到了极其重要的作用。同时，也能够让广大读者更加全面地了解蒙古族艺术。

　　萨仁图娅主编的《中华民族大家庭——五千年民族风情集萃》，2013年由辽海出版社出版。五千年的优秀民族文化，是中国人的灵魂和血脉，是建设中华民族共有精神家园的深厚文化根基。该书全面系统地介绍了基于优秀民族文化的各地各民族风情，是一部中国少数民族风俗文化大全，彰

---

① 萨仁图娅，呼格吉乐图主编：《蒙古族瓷器》，沈阳：辽宁民族出版社，第3页。

显了源远流长、丰富多彩、博大精深的中华民族文化。广大读者反映，通过这本书，更加深入地了解了中华民族大家庭多元一体的风貌，领略了多姿多彩的民族文化。

萨仁图娅主编的《中国民间故事导读》共3卷，分别为《中国民间故事导读·古老传说卷》《中国民间故事导读·传奇人物卷》《中国民间故事导读·少数民族卷》，2012年由辽海出版社出版。作者在继承、挖掘传统的基础上，对久远的中国民间故事进行了新的解读。

# 第二节
## 致力于蒙古族非母语创作研究

萨仁图娅自身是一位蒙古族非母语创作者，在进行文学创作的同时，她一直密切关注和深入思考民族文学创作的现状和走向。2019年8月，辽宁民族出版社出版的萨仁图娅的学术专著《蒙古族非母语创作研究——以辽宁为例》，是中国蒙古学文库近年推出的重要著作之一。这部著作是萨仁图娅经多年积累、长期思考、深入研究后所形成的理论成果，其最为重要的意义在于，它既是对蒙古族文化历史的一种探究与发现，也是对当代蒙古族文学研究的补充与完善。

作者以独特的视角、广阔的视野、深邃的笔触和活跃的理论建构能力，通过对新的文化语境下的蒙古族非母语创作现象的深刻剖析、全面观照，实现了对这一此前尚未引起足够重视和广泛关注的学术课题研究的新突破。

非母语创作属于跨语境创作，是一种独具特色的书写形式，目前已经成为当代民族文学创作中的重要现象，是文学民族性的重要组成部分。非母语创作的积极意义和重要价值，主要体现于推动文化交流和促进民族文学发展，它"不但将本民族的精神财富带到写作语言中，促进了文化交流，并且在碰撞与交流中产生既不同于本民族文化传统又不同于写作语言的文

《蒙古族非母语创作研究——以辽宁为例》封面

化传统的新东西，形成写作的新样式、新流派，对本民族文学和写作语言的文学都做出了贡献"①。辽宁蒙古族人口众多，数量在全国各省区中居于第二位。辽宁蒙古族非母语创作成果显著，成绩斐然，别具特色。非母语创作现象，是辽宁文化史、文学史上的一大景观。但是对于这种独特的话语建构形式和文化表现形式，学界此前关注不多，也缺乏深入系统的研究。萨仁图娅的《蒙古族非母语创作研究——以辽宁为例》所呈现的研究成果，彻底打破了这一局面。她通过对辽宁蒙古族非母语创作的全貌扫描和典型剖析，归纳出辽宁非母语创作的6种类型：民族文化本真型、行走歌吟书写型、重构与创新型、研究类型、文化交融型、文化附他型，分析了其历史渊源、创作共性、创作语境，准确而深刻地揭示了其所具有的文化意蕴、精神价值和美学特征，展望了蒙古族非母语创作远景，阐释了"别一种写作，别一种意义"②。

　　萨仁图娅的这部著作及她对蒙古族非母语创作的研究，在研究与写作上

---

① 姜永琢：《论当代藏族诗人非母语写作的特质》，《扬子江评论》，2016年第2期。
② 萨仁图娅：《蒙古族非母语创作研究——以辽宁为例》，沈阳：辽宁民族出版社，2019年版，第1页。

所表现出的最为突出的特点，是采用了多元化视角，体现了作者所具有的大文化视野和强烈的时代意识。据此可以说，萨仁图娅在蒙古族非母语创作这一课题研究上的努力和突破，是"别一种研究"，具有"别一种意义"。

## 一、以多元视角观照蒙古族非母语创作现象

视角的多元化，基于观念的多元化。萨仁图娅以往的创作与研究，均体现出多元与开放的心态。她提倡以多元化的视角审视中国文化，主张进行多元化的文学研究。她对辽宁蒙古族非母语创作现象的考察，以对多元视角的运用呈现出多层次结构和立体形态。

第一，她从历史、现实与未来三个维度把握和厘清了辽宁蒙古族非母语创作的渊源、现状和走向。解读文化现象和文学文本，历史维度是必不可少的思维向度。"历史性是人存在的基本事实，人的过去与当下统一在历史世界中，为了寻找和回归这样一个原本统一的世界，我们与传统对话，我们去解释文本，我们的视界进入过去的视界，在理解中扩大、拓宽和丰富自己。"①萨仁图娅的研究，不但分析了辽宁蒙古族非母语创作产生的历史前提、历史性进程，还梳理和深刻剖析了历史上所形成的研究成果及其价值、影响，在过去的视界中透视这一特殊文化现象。萨仁图娅所强化的现实维度，主要体现在重点关注了辽宁蒙古族非母语创作的当代成果及成果的当代性价值。未来维度，即面向未来的维度。萨仁图娅的研究，是颇具开放性与前瞻性的，她以未来观照现实，并为现实创作提供了更加符合历史规律和发展趋势的路径。

第二，萨仁图娅的研究既分别关注创作者和作品，又注重将创作者与作品结合起来进行考察。她将辽宁蒙古族非母语创作的主要创作者全部纳

---

① 刘苏：《简析"历史"的维度》，《河南科技大学学报》（社会科学版），2011年第5期。

入了研究视野。新中国成立前的创作者，主要有清代的尹湛纳希及父兄一门父子五作家、罗布桑却丹等。新中国成立后的创作者，有创作型的作家玛拉沁夫、扎拉嘎胡、苏赫巴鲁、鲍尔吉·原野、张宏杰、萨仁图娅、白雪林、阿勒得尔图、韩辉升、韩伟林、胥得意、娜仁琪琪格、苏笑嫣、大路朝天、吴刚思汗、张日新、王晶晶、其木格、萨若兰、娜荷芽、徐婉心、雨霖、小茵等，研究型的专家乌丙安、扎拉嘎、海春生、吴德喜、刘冬梅、乌凤琴、金玉等，跨界写作的学者特·赛因巴雅尔、于清涌等。作家、专家、学者的价值和风格，主要体现于作品和研究成果中。萨仁图娅对他们的代表性作品进行了深入研究，并注重将作家、专家、学者与其代表性作品结合起来进行研究，形成了更为全面和理性的认知。

第三，对于创作者，萨仁图娅既关注个体，也关注群体，注重在个体身上寻找个性，从群体中提炼共性。对于个体，重点考察了蒙古族非母语创作的两座高峰尹湛纳希和玛拉沁夫，对于其他代表性作家，也做了专题研究。萨仁图娅认为："辽宁蒙古族非母语写作，出现了尹湛纳希及父兄一门父子五作家是世界罕见的文学现象。""尹湛纳希既热爱并精通本民族文化和语言文字，又多方面吸纳和借鉴其他民族的优秀文化，对蒙古族文学的丰富和发展做出了不可比拟的贡献。"[1] 玛拉沁夫是中国草原文学的开拓者，他的非母语创作着力描写草原生活，雕塑蒙古族人民的性格，为中国当代文学增添了草原文学的精彩篇章。对于创作群体，萨仁图娅既有总体观照，也有分类研究。她认为，辽宁蒙古族非母语文学创作的共性，主要体现在三个方面：中华文化认同与民族身份建构是其共同的特征；共同具有追求精神文化"还乡"与"寻根"的意识；地域文化的滋养。

第四，对于作品，萨仁图娅分别考察了代表性作品的文化背景、主题、

---

[1] 萨仁图娅：《蒙古族非母语创作研究——以辽宁为例》，沈阳：辽宁民族出版社，2019年版，第32—33页。

叙事特色、艺术风格，但没有均衡用力，而是侧重于作品的文化背景、精神来源和民族特色。作品的文化背景，是其原始起点意义所在。文学是文化母系统中的一个子系统，是人类文化环境和文化创造的最生动、最具体、最活跃的表现之一。文化背景不但影响着作家，也影响着作品，"文化影响文学作品自身的内涵、内蕴。文化是文学作品描绘的对象，决定文学作品的内容"①。萨仁图娅的研究，注重考察"生长"着创作者的文学土壤，既考察催生作品的生活环境，也考察环境是如何影响创作的等相关问题。萨仁图娅认为，这种影响，一般会体现在创作者和作品所承载的文化精神中，辽宁蒙古族非母语创作所承载的文化精神，既反映了中华文化传统，也表现了民族的精神特质，集中地体现为英雄情结与家国情怀。

## 二、大文化视野下对蒙古族非母语创作现象的透视

萨仁图娅的创作与研究，善于以文学视角观照文化，也长于以文化视角观照文学。她的代表作《尹湛纳希》《成吉思汗诗传》和一系列评论文章，均体现出鲜明的民族感情和民族文化意识，以及对民族文化的历史性思考。在《蒙古族非母语创作研究——以辽宁为例》一书中，她同样将研究对象置于大文化视野中加以观照。大文化视野，使研究者能够站在人类文化的制高点上，更加清晰地透视文化现象、文学创作现象。

在大文化视野中，历史是文学创作的根脉，现实是文学创作的基础，民族性是文学创作的灵魂，世界性是文学创作的高度所在。萨仁图娅的研究，不但充分考量了历史与现实、民族与世界的文化语境，而且涵纳了历史、宗教、文学、艺术、民俗以及人们的观念意识、行为方式、思维

---

① 阮幸生：《文学作品与文化的关系》，《贵州师范大学学报》（社会科学版），1999年第3期。

方式、生活方式等诸多元素。她将研究视野拓展到人类学、民族学的范畴，从民族文化溯源和文化变迁的角度来探讨蒙古族非母语创作的精神之源和未来走向。

萨仁图娅的研究始终贯穿着历史的精神，坚持以历史观照现实。同时，他注重把考察的重心放在现时代的创作现象和创作成果上，以现实尺度衡量其价值、意义，分析不足和缺陷。在文学研究中，如何认知和践行民族性与世界性，是评判其认识高度和深度的重要指标之一。文学的民族性"是指文学反应民族的社会生活特点和民族文化传统、风俗习惯、心理素质、审美趣味、语言等特点所具有的特殊性质和所达到的程度"①。萨仁图娅的研究，对民族性有着深刻认识。她提出，辽宁蒙古族非母语创作所体现出的民族性，既是对蒙古族精神的皈依，也是对中华民族精神的追寻，对中华文化的体认。文学的世界性，"是指在相当的审美层次上，从内容到形式诸方面，世界各民族对某一民族作品的认同、共识或共鸣"②。萨仁图娅所理解和秉持的世界性，提倡扎根于本民族生活和中华文化土壤中，放开视野，通过学习与借鉴外族外国，不断丰富和强化自身，使作品得到更为广泛的认同与接受。

蒙古族文化传统与中华文化优秀传统，是蒙古族非母语创作的重要源头。经历漫长而复杂的历史变迁，这些文化传统凝结着厚重而又独具特色的文化精神。萨仁图娅对蒙古族非母语创作所蕴含的文化精神和未来走向的研究，是具有民族学和人类学视野的。她在民族史、民族社会、民族文化、民族艺术等范畴内观照蒙古族文学的源头及其发展历程，并在人类社会生活这一更为宏阔的视野中分析辽宁蒙古族非母语创作多样化的创作走向。

---

① 郑乃臧，唐再兴：《文学理论辞典》，北京：光明日报出版社，1989年版，第4—5页。
② 包明德：《略论文学的世界性与民族性》，昆明：云南人民出版社，1999年版，第357页。

## 三、以时代意识审视蒙古族非母语创作现象

时代意识，是人对自己所处历史时期的社会环境、文化环境的直觉的和理性的体认。时代意识，折射着现时代的社会环境、文化心态和精神面貌。萨仁图娅对于蒙古族非母语创作的研究，体现出强烈的时代意识。

第一，她善于将研究对象置于新时代的社会环境和文化背景中加以观察、剖析，提炼其所承载的时代精神。一般来说，时代精神会呈现出三种基本形态："其一，人类把握世界的各种方式所创造的具有时代内涵的生活世界的'意义'；其二，该时代普遍性的'意义'的个体自我意识；其三，该时代的理论形态的'意义'的自我意识。"①萨仁图娅充分考量新时代的社会环境和文化背景，牢牢把握"具有时代内涵的生活世界的'意义'"这一标尺，把握具有时代特征的科学精神、伦理精神和艺术精神，以其衡量辽宁蒙古族非母语创作的本质特征和精神价值，并提出要在大时代中创造更多具有典型意义的文学形象、塑造时代精神的大命题。

第二，在论述什么是蒙古族非母语创作共性的过程中，萨仁图娅充分考虑时代因素，指出"时代共性与作者独特个性，在辽宁蒙古族非母语文学创作现象中有较为鲜明的呈现。而在时代的共性中体现写作者独特的个性，文学作品起到了连接纽带与展示交融的作用"②。在分析辽宁蒙古族非母语创作对中华文化的认同时，萨仁图娅认为，这种文化认同既是历史形成的，也具有强烈的时代性特征。中华民族多元一体的格局是56个民族相互依存、共同发展凝聚而成的。蒙古族非母语创作主体，在民族共同体中共同生活并形成了对事物的肯定性体认，其核心是对中华民族基本价值的认同。她认同学者安琪的观点："长期生活在多民族融合地区的蒙古族作

---

① 孙正聿：《马克思主义哲学智慧》，北京：现代出版社，2016年版，第377—378页。
② 萨仁图娅：《蒙古族非母语创作研究——以辽宁为例》，沈阳：辽宁民族出版社，2019年版，第47页。

家，他们作品中的文化身份是复合的，既是对蒙古族精神的皈依，也有汉民族文化的投影；作品中表现出民族性与现代性、草原文化与世界主流文化的交融状态。"①

第三，在分析辽宁当代蒙古族非母语文学创作存在的不足与缺憾时，她鲜明地提出要强化时代性特征和现代艺术精神。萨仁图娅认为，辽宁当代蒙古族非母语文学创作，应以弘扬社会主义核心价值观、体现中华文化精神、凝聚中国力量、传承和弘扬优秀传统文化为基本价值追求。在此基础上，要强化现代艺术精神，强化主体的自觉性和在形式创造上的自由度，在创作中运用更为丰富的艺术形式和表现手法，以此弥补辽宁当代蒙古族非母语创作中存在的简单化、单一化的缺憾。

第四，在展望辽宁蒙古族非母语文学创作的前景时，她认为，新时代呈现出无穷的可能和无比广阔的远景，提出"新时代的蒙古族非母语文学创作应是能够参与世界文学价值建构的文学，拥抱新时代，状写新现实"。"在新的历史征程上，蒙古族非母语文学创作需要回应时代的呼唤，创作出无愧于时代的新文学，承担更为神圣和重大的历史使命和责任。"②

在此，我们还需要强调，通过对蒙古族非母语创作的研究，萨仁图娅的学者之路越走越宽。她不是一般意义上的学者，而是诗人型学者，既有学者的勤奋钻研与深入研究，又有诗人的热情与著述中的诗的意蕴，诗人与学者的结合、诗意与理性的融汇，使她成长为一位诗人型学者，并"回返"而使她又成长为一位学者型诗人。

---

① 萨仁图娅：《蒙古族非母语创作研究——以辽宁为例》，沈阳：辽宁民族出版社，2019年版，第49页。
② 萨仁图娅：《蒙古族非母语创作研究——以辽宁为例》，沈阳：辽宁民族出版社，2019年版，第366—367页。

# 第十一章
## 为大时代与生民立传　烛照生活与文学之路

　　萨仁图娅深知，要想更加全面地观照社会生活，展示大时代的变迁，应该根据实际需要采用多种文体进行写作。因此，从20世纪80年代起，她陆续开始了报告文学、传记文学、散文随笔创作，为当代文坛奉献更多的优秀作品，为属于她的文学画廊增添了一道道绚丽夺目的景观。与此同时，萨仁图娅也将撰写文艺评论、助推文学发展视为重要使命。在她的文学创作和文艺研究版图中，文艺评论占据了一个特殊的位置。

萨仁图娅一直坚定地认为，作家的责任是更好地表现爱，要用自己的全身心去关怀世界和世间的生灵，要及时、深刻地反映火热的时代和丰富的社会生活。在早期的写作过程中，她逐渐地意识到，仅仅使用诗歌这种文体进行创作，并不能完全满足表现爱、关怀世间生灵、反映社会生活的需要。不同的文体有着不同的表现效果，有些题材，适合使用特定的文体予以表现。要想更加全面地观照社会生活，展示大时代的变迁，应该根据实际需采用多种文体进行写作。因此，从20世纪80年代起，她陆续开始了报告文学、传记文学、散文随笔创作，为当代文坛奉献了更多的优秀作品，为属于她的文学画廊增添了一道道绚丽夺目的景观。与此同时，萨仁图娅也将撰写文艺评论、助推文学发展视为重要使命。在她的文学创作和文艺研究版图中，文艺评论占据了一个特殊的位置。

## 第一节
## 印证生命：报告文学与传记文学创作

报告文学与传记文学，是萨仁图娅深耕的两个重要领域。在创作中，作为诗人的萨仁图娅注重将独特的诗性意识注入文本，在对历史与文化的观照中表现人物、事件，特别是主人公的人生历程、生命形态。她善于对主人公的人生做哲理性的思考，不断地叩问生命的意义与人生的价值。同样重要的是，她的报告文学、传记文学作品，体现着强烈的时代性特征。这些作品内容截然不同，使用的艺术手法各有差异，其共同之处在于，作者总是在极力寻找着民族精魂，讴歌着伟大的时代精神。

在萨仁图娅的报告文学作品中，具有代表性的有报告文学集《在时代的强弓上》《印证生命》《女孩·女孩》《爱心妈妈》《大爱丰碑——辽宁支援安县纪实》等。传记文学作品，除在本书第八章、第九章中已经介绍过的《尹湛纳希》《尹湛纳希传》《成吉思汗诗传》等之外，重要的还有

《声贯九州田连元》《民族英烈莫德》等。报告文学集《在时代的强弓上》《女孩·女孩》，报告文学《乡土、乡情、乡心》《台湾媳妇老兵妻》，人物传记《声贯九州田连元》等，均在国家级或省级评奖中获奖。

## 一、《在时代的强弓上》与《印证生命》

《在时代的强弓上》是萨仁图娅的第一部报告文学集，大连出版社1990年出版。文学要表现时代，是萨仁图娅文学创作的重要理念。表现时代人物和事件，反映时代精神，报告文学是最为重要的形式之一。1988年，萨

《在时代的强弓上》封面

仁图娅在《朝阳工人报》担任副总编辑后，接触到了很多令她感动、使她的观念受到强烈冲击的人和事，于是，她决定以报告文学的形式将其表现出来。从20世纪80年代中期起，在时代的大潮中，中国逐渐形成了一个或在其中沉浮或乘风破浪的企业家群体。萨仁图娅敏锐地意识到，这个群体具有一定的典型性，也体现了时代精神，于是开始重点关注和采访这一群体。一篇又一篇精彩的报告文学面世后，在社会上引起了轰动。辽宁省内外报刊纷纷向萨仁图娅约稿，也有企业家主动联系她，希望她能写一写他们的改革和奋斗历程。萨仁图娅的创作一发而不可收。1990年初，萨仁图娅对自己积累的作品做了精选，出版了报告文学集《在时代的强弓

上》。这部以企业家和企业经营者的社会担当为主要表现内容的报告文学集，塑造了丰满的人物形象，反映了当时的社会风貌和人们的精神风貌，讴歌了改革创新的时代精神。

该书于1991年3月获得了由辽宁省作家协会、辽宁省报告文学学会评选的"辽宁报告文学奖"。

报告文学集《印证生命》，辽宁民族出版社1997年出版，代表着萨仁图娅早期报告文学创作的最高成就。这部报告文学集仍然以具有时代光彩的人物为书写对象，作品所涉猎的人物之广泛，对人物与社会之间产生的互动关系挖掘之深入，对人物内在特质呈现之准确精妙，均表明这部报告文学集具有独特而又丰厚的社会意义和文学价值。萨仁图娅在文学创作中追求的是有意义的生命。她在该书的后记中写道：

> 作家可以进入许多人的人生，感悟许多活法，并且通过强烈的生命体验，来思索人生的定位与宇宙的对应，来求索生活的真理和生命的真谛。

因此，她的报告文学创作总是先识人而后为文，以此印证生命。她希望通过自己的创作，能够在大千世界中竖起高贵灵魂的纪念碑。她的感悟是：

> 在灵与肉、魂与魄、价值与功利、审美与理性的平衡中，于时间的流沙上留下形象的印象。
>
> 人的精神与行为有着不同层面，生活中每个人都有自己的人生定位，人只在各自的层面和岗位上，体现各自的价值。
>
> 这些人在物化的现实中高尚的灵魂依然，其卓尔不群的价值取向与生活取向，给社会以希望。我祈求以自己的文字找到一种

精神定位，阐释一种生命内涵，品味各色人生大味。①

这部报告文学集所表现的人物，涵盖了当代社会各阶层，包括创造生命奇迹的华裔博士、学贯中西的学者、老骥伏枥的退休副省长、居于文学制高点的著名作家、劝善止恶的阿訇、追求梦想的艺术工作者、躬耕乡土的女乡官、商海弄潮的企业家、扎根山村的小学教师、自强不息的残疾女孩、与星光为伴的扫街人……萨仁图娅所描摹的，既是一幅具有时代特征的人物群像，又是体现了强烈生命意识的当代人精神图谱。她以解读人物与环境的互动关系为切入点，对书中人物的人生意义和生命价值进行了既具诗性，又有强烈思辨色彩的艺术呈现。彭定安在谈起阅读《印象生命》的感受时说，萨仁图娅的创作，是着眼、着笔于人生追求和生命印证的写人："我在通读书稿时，是怀着一种'阅读'各种人生，印证各种生命意义的期待视野去读的。而在阅读过程中，也确实受到各种人、各种人生、各种生命意义追求的触动和鼓舞，使我相信人是最具有潜力的，人的心灵的力量是能创造奇迹的。而追求生命的意义，又是可以在平凡的、普通的、偏僻的地方、岗位、工作中求得实现的。"阅读这些作品，不仅能读到书中人物的事迹、故事，也能从萨仁图娅的解读中读到她自己。"我们在萨仁图娅的这一篇篇'报告''记事''印证'中，读到的不仅是她写的那些人和事，而且读到了她自己：她的世界观、人生观、价值观和理性世界。她在那些她所写的人身上，刻下了她自己的思想情感的烙印，她在这些对于她来说是她的'外在事物'的人物和故事中，使自己'性格复现'了。"彭定安认为，这部报告文学集的一个不同一般的地方，"正是在于这种'角色集群'的统一而又多样的人生和生命追求所体现的一种高尚的人生境界，一种世界观、人生观、价值观，同当代社会心态和价值取向的弊害主流，进

---

① 萨仁图娅：《印证生命》，沈阳：辽宁民族出版社，1997年版，第333—334页。

行一场有意义的、雄辩的、有说服力的对话。按照巴赫金的理论，人的语言和思想，都具有对话性。而这里的人和他们的人生与生命之意义追求，则是更为突出地具有对话性，并且是以它的崇高境界的人生话语，在与时下的低俗状态的'人生追求'相抗衡"①，进而升华了生命的境界，凸显了生命的价值。

《印证生命》出版后，不但得到了读者的喜爱，也赢得了业界的好评。评论家们认为，兼具现实意义、诗意和哲理，是这部报告文学集的最大特色。作家铮铮的评论较具代表性，他认为，萨仁图娅的"作品中所呈示的向人生和社会深掘进的创作趋向以及成果，是值得肯定的。应该说，萨仁图娅的报告文学是人性风景的探究，既能令人观赏，又能让人思索"②。报告文学以真实为生命，"她在真实性的基础上，把文学性、哲思性融合，并赋予诗意"③。

## 二、《女孩·女孩》与《爱心妈妈》

《女孩·女孩》，2004年由中国广播电视出版社出版。《爱心妈妈》，2012年由辽海出版社出版。两部作品均是以女性为主要表现对象的报告文学集。书中以如此多的笔墨专门书写女性或女性与下一代的故事，在国内的报告文学创作中是不多见的。这两部作品在文学界、女性读者中和社会上均引起了关注，被认为是以"关爱女性、关爱孩子"为主题的文学佳作。2004年12月，《女孩·女孩》获得了国家人口和计划生育委员会（今国家卫生健康委员会）、中华人民共和国文化部（今中华人民共和国文化和旅游

---

① 萨仁图娅：《印证生命》，沈阳：辽宁民族出版社，1997年版，第2页。
② 内蒙古师范大学中国少数民族作家研究中心编：《萨仁图娅研究专集》，北京：中央民族大学出版社，2005年版，第327—328页。
③ 内蒙古师范大学中国少数民族作家研究中心编：《萨仁图娅研究专集》，北京：中央民族大学出版社，2005年版，第329页。

部）、国家广播电影电视总局
（今国家广播电视总局）、中华
全国妇女联合会、中国文学艺
术界联合会、中国作家协会、
中国人口文化促进会评选的第
十二届"中国人口文化奖"。
2012年6月，《爱心妈妈》获得
了第十四届"中国人口文化奖"。

《女孩·女孩》的主人公
是24位不同年龄、不同职业的
女性。其中既有大女孩，也有
小女孩；既有堪称社会典范的
巾帼人物，如时代英模、发明

《爱心妈妈》封面

家、企业家、艺术家、作家、诗人、政界人士等，也有普普通通的女性，
如打工妹、公司职员、农家女等。萨仁图娅从不同的角度对24位女性的性
格、情感、命运、生活、事业等进行了描写，展示了他们的人生理想、奋
斗历程及在各自领域创造的业绩，也揭示了现代社会中女性的生存状态和
精神困境。写《女孩·女孩》，萨仁图娅的出发点依然是为了表现爱、发掘
美、体现生命的价值。她说：

> 面对女孩，是面对绚丽花朵。面对女孩，是面对蓊郁森林。
> 面对女孩，是面对浩瀚星空。从尊重开始，用爱心体会，以换位
> 思考来认同。我写女孩属于心灵时空的审美感受，偏重客观的概
> 率。以性别为视角，是女性群体使然。①

① 萨仁图娅：《女孩·女孩》，北京：中国广播电视出版社，2004年版，第211页。

她写这些可爱、可敬的女孩，体现出了强烈的女性意识和人类意识：

> 我写她们的本体生命与个性特征，生存状态与人生追求，理想精神与价值体现，只要活有个性，活有质量，活有激情。每一片叶子都不一样。不一样的叶子，一样地倾吐绿色，传递阳光。尊重叶子就是尊重大树，尊重个性就是尊重生命，尊重女孩就是尊重人类本身。①

萨仁图娅塑造的大女孩与小女孩形象在众多女性读者中产生了震动，引发了共鸣。在这些女性形象身上，寄托着太多女性的情感、梦想与理想，也激发了她们对自身、对家庭、对社会的爱。女作家于香菊在评论文章中写道：

> 女孩的人生，女孩的个性，女孩的风采，张扬着睿智和灵性的天使，飞翔在萨仁图娅的笔下，成了一道人间最感人最靓丽的风景，怎能不引起读者的深思？
>
> 自立自强，发愤向上，卧薪尝胆，百折不挠，为生活，为事业，纵然身处逆境，纵然是困难重重，我们也应该像这24个女孩一样，活出自信，活出风采，活出个顶天立地给人看。②

女作家品儿谈道：

> 《女孩·女孩》一书，萨仁主席以女作家的视角，写了24位

① 萨仁图娅：《女孩·女孩》，北京：中国广播电视出版社，2004年版，第212页。
② 内蒙古师范大学中国少数民族作家研究中心编：《萨仁图娅研究专集》，北京：中央民族大学出版社，2005年版，第332—333页。

不同年龄、不同职业的女性，让我们聆听了她们成长的声音，人生的艰辛与无奈；既有为人妻为人母的幸福与被人爱被人宠的娇羞；更有独立女性拼搏过后见彩虹的洒脱与骄傲。[1]

《爱心妈妈》主题突出，选择的人物和故事既典型，又具有广泛性，涵盖面广。书中呈现的，有志愿者妈妈与留守儿童的故事，"百姓雷锋"与"留守儿童之家"的故事，打工者妈妈与"农民工子女托管班"的故事，白衣天使妈妈们与地震灾区孩子的故事，管教民警妈妈与失足孩子的故事，班主任妈妈与孤儿学生的故事，儿童文学作家与蒙古族孩子的故事，全国劳模与孩子的故事，情感热线主持人与孩子的故事……时任辽宁省关心下一代工作委员会常务副主任的徐廷生在序言中指出：

> 这些爱心妈妈的共同特点，就是无私奉献与辛勤耕耘，主动承担与自觉行动，关爱孩子并助力成长。在这些爱心妈妈身上，折射了当代人对人生、对未来独特的价值取向，体现了不图名利、无私奉献的道德情操，体现了不畏辛劳、扶幼助弱的思想境界。[2]

萨仁图娅创作《爱心妈妈》，最核心的驱动力是爱心与责任。与其说她是在为妈妈立传，不如说她是在为爱树碑。她在后记中写道：

> 爱心是人类最珍贵的情感，是最高尚的情操，是人类良知的生动展示，是社会文明的主要标志，也是中华民族传统美德的集中体现。而妈妈是世界上最美的称呼，妈妈的爱是世界上最伟大

---

[1] 内蒙古师范大学中国少数民族作家研究中心编：《萨仁图娅研究专集》，北京：中央民族大学出版社，2005年版，第338页。
[2] 萨仁图娅：《爱心妈妈》，沈阳：辽海出版社，2012年版，第1页。

的爱，爱心妈妈是人间最美的天使。

阅读《爱心妈妈》，相信读者能够体会到，萨仁图娅是在爱心的感召与责任的驱使下，感受着爱心，书写着爱心，解读着人间大爱。在书写爱的同时，书中也渗透着萨仁图娅的忧思，她笔下的孩子是幸运的，他们遇到了爱心妈妈，但社会上仍有很多童年无处安放、精神无可依托、生活少有依靠的孩子，他们需要更多的爱心妈妈，也需要社会的帮助。萨仁图娅在后记中呼吁：

> 孩子是希望和未来，这是全社会的共识。人生只有一次，关爱孩子必须从小抓起，让我们千百倍地把孩子重视起来。①

## 三、《大爱丰碑——辽宁支援安县纪实》

《大爱丰碑——辽宁支援安县纪实》，是一部全方位展示辽宁支援四川安县震后重建过程的长篇报告文学。该书被列入《安县精神家园丛书》，2011年由中国戏剧出版社出版。

萨仁图娅创作《大爱丰碑——辽宁支援安县纪实》，缘于两次刻骨铭心的安县之行。2010年3月，应四川省委宣传部、四川省作家协会之邀，受辽宁省作家协会委派，萨仁图娅参加了"名家看四川，书写新家园"活动，采访到了大量的感人事迹。回到沈阳后，她撰写了报告文学《废墟上矗立起大丰碑》，首发于《鸭绿江》杂志，后被收入四川文艺出版社出版的《国家行动——十八省援蜀记》一书。同年5月，在震后两周年之际，她应辽宁对口援建前线指挥部之邀，赴安县参加辽安路竣工剪彩仪式等一系列活

---

① 萨仁图娅：《爱心妈妈》，沈阳：辽海出版社，2012年版，第259—260页。

《大爱丰碑——辽宁支援安县纪实》封面（冯丽萍摄影）

动，见证了援建的累累硕果。第二次安县之行后，她撰写了《特殊的使命 特殊的爱》《因为责任因为爱——辽宁援建人的故事》等报告文学，分别刊发于《辽宁散文》《辽宁传记文学》《剑南文学》。文章陆续发表后，萨仁图娅回想起在安县的所见所感，心情难以平静："走进经受八级大地震后的这片土地，每次都是心灵的洗礼，我被一种悲壮所震撼，被一种英雄气概所触动，被一种强烈的精神所感染，被史诗般的伟力所感动。"[1] 于是，她产生了要创作一部更大的作品的冲动。经过思考，她决定撰写一部长篇报告文学，集中表现大灾面前的大爱，以此向那些当代的特殊奉献者们致敬。于是，她放下了手头在做的事情，推迟了原定的其他写作计划，着手创作长篇报告文学。经过补充采访、搜集资料、构思、写作，最终完成了40万字的《大爱丰碑——辽宁支援安县纪实》。

该书共11章。第一章《有一种幸福叫分享》，第二章《大爱相融》，第

---

[1] 巴义尔：《蒙古写意——当代人物卷四》，北京：民族出版社，2014年版，第745页。

2010年，萨仁图娅与安县的孩子们在一起

三章《爱铸辉煌》，第四章《情漫安州》，第五章《因为责任因为爱》，第六章《爱的召唤》，第七章《爱的交响乐章》，第八章《历史不会忘记》，第九章《因为崇高而崇高》，第十章《感恩的心奋进的人》，第十一章《爱无止境到永远》，分别表现了在两年援建过程中，来自辽宁的建设者们支援安县人民在废墟上重建家园的感人事迹。在书中，萨仁图娅写出了辽安两地人民的血肉深情，凸显了援建中的辽宁力量，突出体现了民族精神是多难兴邦的强大精神支柱、中华大爱就是无敌的力量的主题。这部报告文学书写的是中华大爱，弘扬的是伟大的民族精神。在正文后，附有萨仁图娅的两篇文章《废墟上的恢宏史诗——我的第一次安县之行》和《情漫安州神奇地——我的第二次安县之行》，以及《辽宁省对口支援安县恢复重建工作大事记》等，使其内容更显厚重。

萨仁图娅与安县人民结下了深厚的感情。《大爱丰碑——辽宁支援安县纪实》出版后，她又先后3次到安县。一次是在汶川地震三周年之际，到安县参加报告文学的首发式。后来，她又先后随中国作家看绵阳采风团、辽宁作家采风团到安县采访，并写下了《阳光之下废墟之上》一文。多年来，萨仁图娅的足迹遍及安县大地，她在这片土地上倾注了特殊的感情。安县干部群众同样没有忘记她的奉献与付出，安县人赠予她的条幅足以表达安县人的感情：

> 蒙古高原一奇葩，历经霜雪露芳华。
>
> 伟业千秋辽安情，丰碑铸就笔中花。

安县诗人冯丽萍作《大爱飞歌》赞《大爱丰碑——辽宁支援安县纪实》：

> 大笔飞歌抒巨篇，爱心如海载辽安。
>
> 丰功集册千山颂，碑绩昭人万世传。
>
> 同忆三春援建史，日讴一线鼓航帆。
>
> 耀霞烘月泼浓墨，辉誉珠玑撼彩笺！

## 四、《声贯九州田连元》与《民族英烈莫德》

田连元是当代著名评书表演艺术家，是中国"电视评书第一人"，为中国评书事业的发展做出了杰出贡献。《声贯九州田连元》，是萨仁图娅撰写的首部人物传记，也是国内第一部田连元人物传记，1994年由春风文艺出版社出版。20世纪90年代初，从辽宁本溪走出的田连元，已经誉满华夏，声贯九州。田连元和他的评书成为一种引人关注的文化现象。萨仁图娅凭借作家的敏感和责任感，产生了撰写田连元传记的想法。经过两年的精心准备、采访、搜集资料和写作，《声贯九州田连元》问世。

评书是有着千年历史的表演艺术形式。萨仁图娅在充分研究了评

《声贯九州田连元》封面

《声贯九州田连元》出版后，在社会上引起了强烈反响。1999年10月，《声贯九州田连元》获得了辽宁省文学艺术界联合会、辽宁省社会科学界联合会、辽宁省传记文学学会联合评选的"辽宁首届传记文学优秀作品奖"。评论界也给予了高度评价。

书的文化传统、辽宁地域文化特色和时代因素的基础上，以田连元如何走上评书表演之路、如何走向成功、他的艺术魅力之源何在、他是怎样让评书再创辉煌等为核心内容，完成了这部厚重沉实的人物传记。

徐光荣在评论文章中指出，这部人物传记在结构设计、人物描写、语言表达、审美思辨上，均具有一定的特色："萨仁图娅在她的新著中以热情恣肆的语言，不拘一格的艺术构思，翔实生动的人物造型，旁征博引的审美思辨，将田连元这位为广大观众喜爱的评书表演艺术家做了具体的、栩栩如生的充分展示。"她回避了人物传记写作惯用的编年史式结构，充分调动了自身所具有的对人生和生命的思辨性能力，以对人生的解谜开始，以特写切入，以人物瞬时状态所折射的生命情态为牵动，逐渐呈示出人物的全貌，展示书中人物的艺术成就，从而使人物的生命历程呈现出强烈的时代性和历史感。萨仁图娅塑造田连元这个人物，既有浑灏大气的勾勒，也有细腻入微的细描。徐光荣认为，萨仁图娅善于在语言表达上和在旁征博引中进行审美思辨的优势也在这本传记中得到了充分发挥。"她写田连元，常是寥寥数语的简练状写，而给人传神之感；为了多角度地反映田连元在中国评书表演艺术方面的贡献和成就，她曾查阅大量史料，走访了许多曲艺家、文学史家，因而，她在这部传记文学中常运用自如地回溯评书艺术史。对比评书流派名家的表演风格，以烘托田连元的艺术造诣与特色，将评议巧妙地融合于叙述之中。"①

周兴华的评论文章指出，萨仁图娅的《声贯九州田连元》，在结构设计、对材料的挖掘等方面，均具有独特之处。如开篇，"本书作者异想突发，从被立传者的成名写起，这样开篇不俗，立即把读者的阅读兴趣带入一个特定的情境之中"。她很善于挖掘材料，经过提炼，往往起到意想不到的效果。"例如田连元的爱情生活，过去很少有人知道的一些事，在本书中首次披露。再如，他的收徒，看似平平常常，细品味，这里恰恰映现出他的高尚艺德。他的'演戏与做人'，也很能发人深思。"②

戴言认为，本书的语言比较有特色，"特别是议论中运用散文诗的语言，既富于哲理，又富有形象性"③。

人物传记《民族英烈莫德》，2008 年由辽宁民族出版社出版。莫德（1920—1946 年），蒙古名原为青格勒图，走上革命道路后，改名为莫德以明志（蒙古语"莫德"为明白的意思，表明他明白了革命道理，将为革命奋斗终身）。莫德出生于喀喇沁左旗古迹营子（今属建昌县）一个蒙古族士绅家庭，少年和青年时代受到了良好的教育。1945 年秋，莫德随父亲参加了革命队伍，在喀左开展革命斗争，成为喀左民族自治运动的先驱者。他英勇善战，不怕牺牲，经受了血与火的考验。1946 年 9 月，在执行任务时，莫德被国民党军队包围而壮烈牺牲，年仅 26 岁。在书中，萨仁图娅凭借翔

---

① 徐光荣：《辞彩飞扬 不拘一格——读萨仁图娅〈声贯九州田连元〉》，《辽宁日报》，1996 年 3 月 11 日。
② 周兴华：《〈声贯九州田连元〉印象谈》，《辽宁文艺界》，1995 年第 5 期。
③ 戴言：《凌阳集——戴言诗文汇编》（中卷），香港：海天出版社，2022 年版，第 454 页。

实的史料，以生动的语言，独特的角度，真实地记述了莫德虽短暂却光辉的一生。《民族英烈莫德》是首部莫德烈士的传记，是传承烈士精神的生动教材，具有较高的文学价值和史料价值。

## 第二节
## 寻觅灵魂的栖息地：随笔创作

萨仁图娅创作的随笔数量较大，她将其中的大部分作品分别结集为《保鲜心情》《幸福八卦》出版。好的随笔，至少要符合以下两条标准中的一条：一是要表达新的思想；二是要有新的表达方式。萨仁图娅的随笔，既表达出了独特的感受与新的观点，又有新的角度、新的阐发，是随笔中的精品。这些作品，充分展示了独特的审美趣味、艺术风格和人生哲学。从总体上看，这些随笔均为有感而发，见情见理见物见事，发乎于情，言之成理，感受真切，见解独特；以女性视角观察事物，细腻，微妙，又不失大格局、大情怀；作品兼具诗意和哲理性。

## 一、《保鲜心情》

萨仁图娅最早写随笔，缘于她应约为《辽宁日报》大周末撰写专栏。后来，她将这些早期的作品结集为《保鲜心情》，2000年由百花文艺出版社出版，为该社《五味禁果随笔丛书》之一，另外3部为蒋子龙的《人畜之间》、韩静霆的《佯醉与佯狂》、马来西亚作家戴小华的《爱是需要学习的》。2001年11月，《保鲜心情》获第九届"中国人口文化奖"。

《保鲜心情》收录的随笔充满了真情实感，特别是作者对人生的深切感悟，反映了她对人生价值和理想的不懈追求。全书共3辑。第一辑为《约会快乐》，作者传达的核心理念是：快乐只是意念的状态，而约会快乐获得快乐，是一种生活的能力。要想拥有约会快乐和获得快乐的能力，就应做到享受宁静、保鲜心情、选择过程、珍惜拥有、舍得放弃、面对自己、珍藏挚爱、诗意生存，要拥有一间自己的屋子。第二辑为《生为女人》，

《保鲜心情》与《幸福八卦》封面

作者的宣言是：生为女人，应该明白，生命本是自己的，虽然没有权力诞生，却有权力使用。生为女人，应该正确认知自身的存在，用自己的眼睛看自己，学会组合气质、校正感觉、燃亮心灯和为心灵而衣，坚持裙裾为己飘，把情安置在恰当的地方，学会以"隐"为乐，别去按负罪感的按钮。第三辑为《与歌结伴》，作者期冀人生能够与歌相伴。她认为，踏歌的人轻盈的灵魂运动如风，世俗尘寰中的惆怅与伤感会随风而逝。世事纷扰，人生旅途原本艰难，要学会宽容，与歌为伴。同时，只有选准方向走下去，穿越忧愁那堵墙，让年龄退隐心灵之后，才能领略到更远处的风光。

就《保鲜心情》的艺术特色与文学价值，评论家们做出了全面而又深刻的评价。

石英认为，萨仁图娅的随笔形成了独有的特色，读她的《保鲜心情》，感觉在看似随意中透出一种信步的大气，一种简洁的清丽。"她在谈日常生活时也饱含诗意，在说理时亦充满情致。从中我再一次印证出一个多数人认同的道理：一个比较成熟的诗人练达出的语言文字，用在任何地方不仅

流畅自如，而且常常带有诗质的韵味，绝不会那么干干巴巴。"①同样重要的是，她的随笔是对生命质量的一种提升，"一方面是宁静通达，另一方面是责任与进取，这是对立的统一，构成一个完整的人生。宁静与闲适不是怠惰，而进取是对有限时光的浓缩。责任是个人与社会之间的有效谐调"②。

戴言的评价是："在艺术形式上，每篇文章开篇前都有一个题记，是从正文中抽出来的核心句子。大部分文章没有人物和故事，多是心理和感情的叙述和至理警句，但却能大量引经据典，增加作品的形象性、感染力、可读性。文章写得文思泉涌，笔底波澜。把人生感悟和传统美德铺陈缕叙得如此新鲜生动、透彻、引人，真是一种升华。"③

李学英结合自身的阅读体验，阐述了《保鲜心情》在提高生命质量上所呈现的价值。她说："如何面对生活中的困扰和烦忧？怎样保持良好的情绪和平静的心态？爱情不老、家庭温馨的秘诀何在？青春永驻、活力长存的灵丹妙药到哪里寻求？也就是说如何保持生活的最佳状态？作者以平常人的自身感受和领悟，回答着一个个普遍存在的人生问题和社会问题。当我读完这本书，一种大彻大悟的冷静和清醒奔涌而来。这简直就是一本提高生命质量的'经验'汇编，尤其在女人看来更是如此。"④

生为女性，常常会感叹生存的艰难和自身的局限，赵淑清阅读《保鲜心情》的感受是"仿佛找到了解决困惑的钥匙，尤其是《生为女人》辑中的诸多篇章，萨仁图娅以其独特的心理视觉和感受回答了女性生存的本质问题：'生为女人，我们的特质，那就是爱，爱孩子、爱生活、爱自然，爱一切，也爱自己'，'让我们的存在提升为价值的存在，精神的存在。'首先

①② 内蒙古师范大学中国少数民族作家研究中心编：《萨仁图娅研究专集》，北京：中央民族大学出版社，2005年版，第16页。
③ 戴言：《凌阳集——戴言诗文汇编》（中卷），香港：海天出版社，2022年版，第457页。
④ 内蒙古师范大学中国少数民族作家研究中心编：《萨仁图娅研究专集》，北京：中央民族大学出版社，2005年版，第258页。

是爱的存在"①。

朱赤认为，阅读《保鲜心情》，人们会从中悟到面对人生重重忧患的秘诀、要旨、良方："在美容院遍生、护肤霜走俏的季节，在我们过于注重生理保鲜的节令，从色彩绚丽的商业霓虹广告的诱惑中走出，读一读这本《保鲜心情》，注重一下你的心灵保养，也许更使你青春永驻。"②

品儿视《保鲜心情》为人生哲理书、女性必读书。她说："这本书表面看去只是作者的生活随笔和人生体会，其实不然，它虽然反映的是普通人群中所存在的生活问题和社会问题，可每当人们面对名利、成败、贫富或生死时，谁又能做到无争、不贪和知足呢？谁又能真正领悟和接受这种平常心呢？谁又能有办法调理和解决烦扰的人生路上碰撞到的问题呢？只有作者萨仁图娅！有如此美好的感情与脱俗的理念，能真正领悟个中滋味的人，恐怕少之又少。也许是因为作者与众的身份不同、层次不同、经历不同，她喝进去的是水，奉献给大家的却是香醇的美酒，抑或是一服灵丹妙药——《保鲜心情》！于作者而言，可以说她是个懂得如何经营美的女人。"品儿认为："人既生于现实当中，都不免流于世俗。可能会经常有困扰和忧虑侵袭着我们，随时会陷入某些困惑或绝望中。作者面对困难，'穿越那堵墙''学会宽容'，而不耿耿于怀。不过于计较利害得失，'珍惜拥有，活得平和'。这便是作者的内心世界，若大家都以此为人生准则，会从中获取无限的满足与欢乐，你将是一个永远幸福的人。"③

① 内蒙古师范大学中国少数民族作家研究中心编：《萨仁图娅研究专集》，北京：中央民族大学出版社，2005年版，第262页。
② 内蒙古师范大学中国少数民族作家研究中心编：《萨仁图娅研究专集》，北京：中央民族大学出版社，2005年版，第270页。
③ 内蒙古师范大学中国少数民族作家研究中心编：《萨仁图娅研究专集》，北京：中央民族大学出版社，2005年版，第271—272页。

# 二、《幸福八卦》

《幸福八卦》，作家出版社2007年出版。与《保鲜心情》相比，这是萨仁图娅在情感体验和对人生、生活、社会的思考更加成熟后创作的随笔集。书的推介语写道：

> 本书是一位蒙古族女作家的自处之道，是一部解读生命的灵思妙语，是一卷心灵飞翔的精神足迹。其睿智的生命体验、诗意的情感笔触、隽永的人生感悟，为保养灵魂提供一个窗口，为相伴快乐提供一个视角，同时也为活好每个自己提供一个参照系。①

随笔中饱含着作者对人生的哲思，承载着挚爱人生的情愫，也充满了提升人生境界的深邃思想。

《幸福八卦》共8辑。第一辑《活好自己》：用一颗感恩的心存诚去欲，珍惜生命中的感动，活好自己，活出味道。第二辑《幸福八卦》：幸福八卦，扑朔迷离，幸福指数，因人而异，安宁内宇宙，才能发现幸福和人生的意义。第三辑《约会好心情》：好心态是幸福，寂寞是清福，更多的是欣赏，此中蕴含着快乐的密码。破译快乐的密码，进而约会好心情。第四辑《同植物并生》：生命世界的重要组成包括植物世界，与植物并生，才能绽放生命本有的特质，收获梦想。第五辑《与可师者为友》：与可师者为友，可汲取智慧，与智者同行，是人生之福。第六辑《牛性生存》：相对于狼性生存，牛性生存更见人的品性，更符合人之为人的根本。勤恳劳作，忠厚待人，才是优秀人格的核心所在。第七辑《营造健康的生命磁场》：健康的

---

① 萨仁图娅：《幸福八卦》，北京：作家出版社，2007年版，封面语。

生命，是成功的第一常量，营造健康的生命磁场，应向自身和内心求索。
第八辑《进入旋律天堂》：只有成为旋律中的一个音符，才能享受音乐的另
一种魅力，永远保持着踏歌而行的人生姿态。

《幸福八卦》，充分体现了萨仁图娅对待人生与世界的基本观点，也反
映出她独特的人生经历及深刻的人生体验。比如：

从这些文章中，我们能够读到她的坦诚"自白"。王建中在评论文章中
说："她认为：'真诚，作为人的美德，是一种心灵的健康，美而真；而虚
假是心灵的一种疾病，丑而不实''真诚是人生的通行证，是走进灵魂唯
一的通行证''真诚的本质是一种意志行动，以一个生命完全承诺另一个
生命'（《守住真诚》，见《幸福八卦》），一个人应该'心灵和心灵相
见，则以诚换诚'（《活好自己》，见《幸福八卦》）。"因笃信真诚的力
量，"使她赞美'牛性生存'，欣赏牛的'坚守本性'。她说：'牛应地而
生，凭借着勤勉踏实的天性，在田地里耕作，在季节中穿行，以尽力的
劳作来回报这个生存的世界，一步一个深深的蹄印，印证一生，数千年
的岁月时空中回荡着牛勤恳的蹄声。'（《牛性生存》）其实这正反映了
萨仁图娅自身的品行"[1]。

我们能够读到她对幸福的看法与态度。萨仁图娅认为："幸福是不会因
为什么而若即若离，不在于清贫，不在于富有，拥有一颗感恩知足的心，
少有负面情绪，人就幸福。然而幸福的迷失，是现实生活中的现实。以享
乐为福者，也有人在。走出幸福的误区，重生存的人才幸福，有爱心的人
会幸福，相对幸福很幸福。"[2]

我们能读到她对健康的理解与思考："健康生命的原则，包含着多个要
点。尚没有统一的标准，因人而异。我总认为健康之道，应向自我来求，

---

[1] 王建中：《理论探索与文学研究》（续编），沈阳：春风文艺出版社，2013年版，第421页。
[2] 萨仁图娅：《幸福八卦》，北京：作家出版社，2007年版，第58—59页。

应该由自己来营造生命的磁场。"①

我们能够读到她所理解的人生的意义:"发现意义,寻求意义是人的神性,尽管意义具有不确定性,没有人拥有绝对正确的生命意义,多多少少总是不完全,意义的领域里也充满错误的意义,有待于我们的辨别。不论如何,只有有意义的人生才值得一活,只有有意义的世界才值得眷恋。发现意义,抱着足可确信的希望,奔赴人生之路。"②

我们能够读到她所理解的保养灵魂的秘诀:"保养灵魂,在于读书,养气,养心。充实性灵,腹有诗书气自华。读书是在语言世界里畅游,美妙多彩。一个在阅读中与古今中外的大师、哲人交谈的人,拥有曼妙广博的精神世界。读书,得读好书,有人说,读好书仅次于选择益友。现在的读物实在是太多太多,在于你如何来选择。哲人费尔巴哈说,人就是他所吃的东西。至少就精神食物而言,这句话是对的。读好书,不读完全可以不读的书。当然,学问之道,也不限于读书。一个人灵魂的保养,在于内心的开悟,与智慧结合的幻想,是艺术之母和奇迹之源。"③

## 第三节

### 哲思相伴　丽句为邻:文艺评论

在拥有诗人、报告文学和传记文学作家、散文家、文化学者等多重身份的同时,萨仁图娅还是一位优秀的文艺评论家。她早期撰写的文艺评论,最具代表性的有写于1987年的《寒芳一枝展素馨——论尹湛纳希咏菊诗的艺术特色》,写于1993年的《红照伊人情——萧红诗歌的文化意蕴》,写于1994年的《梦幻的诗意与诗的探索——浅析牟心海〈丝路梦幻的寻觅〉》,

① 萨仁图娅:《幸福八卦》,北京:作家出版社,2007年版,第161—162页。
② 萨仁图娅:《幸福八卦》,北京:作家出版社,2007年版,第46页。
③ 萨仁图娅:《幸福八卦》,北京:作家出版社,2007年版,第22页。

以及《绿世界中无尽路——华舒诗歌艺术初探》《雪洁大地 歌贯长天——董俊生诗集〈白雪洁之歌〉漫议》等。其中《寒芳一枝展素馨——论尹湛纳希咏菊诗的艺术特色》，被提交参加首次尹湛纳希学术研讨会，并获得朝阳市哲学社会科学优秀成果奖。《红照伊人情——萧红诗歌的文化意蕴》经国际萧红学术研讨会专家评审，入选大会论文。在此期间，她还撰写了一批关于国内诗歌、小说、散文的评论文章和评介海外作家作品的学术性文章。1995年，萨仁图娅将上述成果结集为《月华文心录》，由春风文艺出版社出版。这本文艺评论集共5辑。第一辑《文论与漫评》，主要为文艺评论；第二辑《序跋集束》，主要是作者为他人作品撰写的序言；第三辑《文路投影》，主要是作者的创作感言等；第四辑《海外作家风景线》，主要为评述作家作品的学术性文章；第五辑《学林掇英》，评介蒙古族文学家尹湛纳希。

此后，在进行文学创作和文化研究的同时，萨仁图娅坚持撰写文艺评论，佳作频出。其中《潇潇芳心天边红——萧红诗歌艺术解读》获得了新世纪萧红研究优秀成果奖。2003年，萨仁图娅将新撰写的文艺评论与多篇精选自《月华文心录》的文章结集为《丽句为邻》，由中国广播电视出版社出版。该书共7辑：辑一《诗来文往》；辑二《汲古扬芬》，主要是作者应邀为一些新出版的诗集、诗词集、词集、诗词选等撰写的序言；辑三《撷英会妙》，主要是作者应邀为新出版的散文集、随笔集、杂文集、小说集等撰写的序言；辑四《批隙导綮》，主要是作者应邀为其他类作品集和作品撰写的序言；辑五《刊首笔语》，主要是作者应邀为一些刊物撰写的刊首语、寄语等；辑六《阐幽发微》，主要是作者对诗人、作家和作品的评论；辑七《文心自道》，主要是作者的创作感言和作品的自序、后记等。

《丽句为邻》出版后，萨仁图娅一直坚持关注文学创作现象和文坛新人新作，撰写、发表文艺评论，推介诗人、作家和相关作品，以此引领和指导当代诗歌创作，鼓励和帮助年轻诗人、作家成熟和成长。其中具有代表性的评论文章有《守望·坚守·建构——著名满族诗人牟心海诗论》《诗歌使他握住欢乐的手——佤族诗人聂勒印象》《用诗点亮心灯　以爱温暖人生——简论安娟英的诗歌世界》《恢弘的丝路画卷　壮美的行吟诗篇——评王芳闻〈河西走廊丝路行吟组诗〉》《触动心灵的牧歌——沙浪先生诗歌品赏》等。

　　萨仁图娅的文艺评论构成了一个独特的审美世界。这些评论文章，融诗人的感性和哲人的理性于一体，传递着她对美的独特感受，对文学艺术本质的深刻理解。萨仁图娅撰写文艺评论的初衷，就是要以审视和寻找的形式，去发现和再造一个新的审美空间。在萨仁图娅看来，"文字实则是对人生、世界的一种理解和把握，是对人类、对社会的一种探索和表达。没有音乐，生命是一个错误，尼采说的。那么没有文字呢？恐怕连世界都不正确了。然字组构成句，句连缀成篇，篇营造语境，但每文之品位，又难求一律。文之生命，也许就如禅之底蕴般生生不息；文之理法，亦如禅之理法，在于不断破除理法。人类借语言文字交流思想与沟通情感，然而又恰恰是语言文字形成人类思想与情感之隔"。为了破解思想与情感之隔，需要评论家"审视一种精神层面，再造一个审美空间，追溯一段散失记忆"。她撰写文艺评论，还有一个重要动因，因"常常被优美的文字所慑住，目光随之流动，心之泉因之激荡，情之河也为之泛波。那是一个吸引力，一种审美，也是一份愉悦"。因此，她"由抒发自己，为诗为文；到透视别人，评论漫议；进而感悟众妙之门，赏鉴杂糅。其实，都是围着一个'美'字核心。美，首先是人的精神之美，人性之美，思想之美。发现美与寻找美，同创造美与表现美，一样都是作家与生俱来的职责与使命。当然，首先是真，还有善。美的本质是真与善的和谐统一"①。在撰写评论的过程中，萨仁图娅最大限度地将诗性、智性与理性元素注入评论文章。"她的评

---

① 萨仁图娅：《月华文心录》，沈阳：春风文艺出版社，1995年版，第13—14页。

论文章，她为许多作者写的序言，包括她为刊物写的那些卷首语，都带着浓烈的感情色彩，都体现着对美与爱的追求与向往，都是'理性智性诗性交融的结晶'。"①

学界对萨仁图娅撰写的文艺评论有着较高的评价。

王向峰在《能照亮别人和自己的一把火——序〈丽句为邻〉》中，全面分析了萨仁图娅文艺评论的价值与特色。王向峰认为，萨仁图娅文艺评论的最为可贵之处，在于它们是出自作家文心的评论，"读她的评论如同欣赏本体在于审美的散文作品，没有那种令人腻烦的陈言套语，而是从作者的实际出发，以热情发现的眼光，审美鉴赏的态度，生动通脱的话语，舒展自如地写着自己内心的感受"。她的寻找美的创作动因，"会使她以所遇的作品之美，作为她把笔为文的观照对象，使文字作品成为审美眼光里再现和表现的对象，以诗人的眼光评之则文成便有诗性，以散文家眼光评之则文成便有散文性"。萨仁图娅的文艺评论不但具有鲜明的散文特质，还有着较高的理论品位，"不仅对创作经验作审美规律评，还能对作品做层次结构评，她用中外许多作家、批评家概括的成功创作经验来鉴评，阐发着新人新作的成就与经验。这不仅使她的评论增强了理论的权威性，也产生了更大的说服力。正是从这里我们才突出地感到，萨仁图娅不仅是可以使生活感受化生为诗文的作家，同时也是可以使文艺作品变成为解读文本的艺术评论家，而后者却是许多作家难以做到的"②。

白长青在《投影于路　援笔为犁——感悟萨仁图娅及她的创作》中提出，萨仁图娅评论文章的最突出特色，就是诚挚和中肯。例如，"她对萧红的诗作的审美体悟，是出色的，敏锐的。她认为，萧红的非凡的艺术世界的感受，得之于心的'天籁'。她注意到萧红所身处的那种特殊的社会现

---

① 内蒙古师范大学中国少数民族作家研究中心编：《萨仁图娅研究专集》，北京：中央民族大学出版社，2005年版，第8页。
② 萨仁图娅：《丽句为邻》，北京：中国广播电视出版社，2003年版，第2—3页。

实，因而她的创作，'不能不表现某种文化心态与文化内涵'，'萧红的诗，是萧红所处时代的最敏感的琴弦'。是她心灵中对社会感受的一次发掘。在萧红的阴柔的、女性的诗作中，有'一股灵气贯长虹'。她称萧红的诗歌中，蕴藏着一种'文化密码'。她的这些见解、评论，我以为是相当中肯的。此外，萨仁图娅对牟心海、李松涛、华舒、戴言等人的作品特色的分析，也是透辟精华，颇见功力"①。

张玉书在《文彩霞映　议论风生——读萨仁图娅〈丽句为邻〉》中，分析了萨仁图娅文学评论的特点，认为她"以诗人、作家之笔写序跋、评论，自有别开生面之处，诗化的语言，散文化的写法，感性与理性兼备，既能感染人，又能说服人、鼓舞人，呈现出诗般的艺术美质，这是很可贵的"②。她的评论文章与一般评论家的不同之处，"从语言上看，表现为鲜活洒脱、空灵秀丽，没有陈言套语，耐人欣赏与咀嚼"③。张玉书认为，萨仁图娅的文学评论，对于促进当代文学发展，有着积极意义。特别是在诗歌领域，"萨仁图娅关于新诗的一些重要论述，对于当代新诗的健康发展无疑是有益的。她为那么多的诗人写序作评，不仅是对他们的肯定与鼓励，对更多更多的诗人来说，也会起到一定的指导与推动作用"④。

邸玉超的《哲思相伴　丽句为邻——读〈丽句为邻〉有感》，从4个方面论述了萨仁图娅文艺评论的特色和成就。一是涵盖众多文体，包含诗歌、诗词、散文、小说、报告文学等所有主要文体，还涉及美术、书法、摄影等一些艺术门类。这些评论，"凸显的是学识厚度，修养深度，思想纬度，眼界向度，天性与训练，积淀与内功"。二是建构理论。萨仁图娅的评论，形成了一个明晰的理论体系。"这是萨仁图娅多年诗歌创作经验的总结与提

① 白长青：《辽海文坛漫步》，北京：社会科学文献出版社，2013年版，第217页。
②④ 内蒙古师范大学中国少数民族作家研究中心编：《萨仁图娅研究专集》，北京：中央民族大学出版社，2005年版，第353页。
③ 内蒙古师范大学中国少数民族作家研究中心编：《萨仁图娅研究专集》，北京：中央民族大学出版社，2005年版，第350页。

纯，更属于评论家吸纳传统与现代批评精髓，独自获取的对诗歌的抽象和体认。"三是真诚考量。"从作品的内容、主旨，到艺术特点，逐一品评，既有严谨的公用理论范式，又不乏独特的评论个性。"四是哲思韵语。"《丽句为邻》强调语言的生命特质，化陈旧为新鲜，化腐朽为神奇，充满弹性和张力，其中有厚实的传统文艺理论根基，也有古典语言的遗韵，诗性充盈，哲思恣意，形成了自己的审美与表现特色。"①

---

① 内蒙古师范大学中国少数民族作家研究中心编：《萨仁图娅研究专集》，北京：中央民族大学出版社，2005年版，第355—358页。

# 第十二章
## 多重角色与多项成就

　　多年来，萨仁图娅在政治、社会和文化领域承担了多重重要角色：作为省级人大代表、省人大常委，出色地履行了法定职责；作为辽宁省委、省政府命名表彰的优秀专家，她是专家中的典范；作为文联主席、作协主席，她身负推动地方文艺发展的重任；作为作家，她在诗歌、报告文学、传记文学、散文等多领域拓展；作为学者，她在蒙古族民族文化、地域文化研究和文艺评论等领域不断掘进。

王向峰曾赋诗赞颂萨仁图娅取得的多方面成就:

> 谁不慕图娅? 容名展月华。
>
> 文坛多面手, 女界逸群范。
>
> 参政传民意, 为诗博众夸。
>
> 明朝期望远, 笔焕满天霞。[①]

晓雪称萨仁图娅是"四位一体"的女诗人,他谈道:"萨仁图娅不但是才思敏捷、创作勤奋、成果丰硕的女诗人,是关注现实、激情洋溢、文采飞扬的散文和报告文学作家,而且还是思想敏锐、与时俱进、颇有见地的学者和文学评论家。而这些年,她还是连续担任辽宁省人大常委、朝阳市文联党组书记兼文联、作协主席和地区刊物《辽西文学》主编的文艺组织工作者和编辑工作者。这样的'四位一体',不但在我们少数民族女诗人中绝无仅有,在全国女作家中恐怕也极少见吧?"[②]

王向峰与晓雪的评价均既准确又中肯。多年来,萨仁图娅在政治、社会和文化领域承担了多重重要角色:作为省级人大代表、省人大常委,出色地履行了法定职责;作为辽宁省委、省政府命名表彰的优秀专家,她是专家中的典范;作为文联主席、作协主席,她身负推动地方文艺发展的重任;作为作家,她在诗歌、报告文学、传记文学、散文等多领域拓展;作为学者,她在蒙古族民族文化、地域文化研究和文艺评论等领域不断掘进。她还曾任辽宁省民委副巡视员,为民族事业发展尽职尽责。

---

[①] 萨仁图娅:《丽句为邻》,北京:中国广播电视出版社,2003年版,第1页。
[②] 内蒙古师范大学中国少数民族作家研究中心编:《萨仁图娅研究专集》,北京:中央民族大学出版社,2005年版,第4页。

## 第一节

## 优秀的文学工作组织者和文艺事业领导者

　　文学编辑，是萨仁图娅在文学领域担当的第一个重要角色。1980年10月，因文学创作能力与业绩突出得到了组织的认可，萨仁图娅被调到朝阳地区文联工作，先后任《朝阳》编辑部、《庄稼人》编辑部诗歌编辑。《朝阳》创刊于1978年，由朝阳地区文联编印，主要刊登本地作者的文学作品和国内文学界的相关信息，为内部发行刊物，1981年起改为公开发行，文学双月刊。1984年，《朝阳》改刊名为《庄稼人》，仍为文学双月刊，主编为林春，副主编为迟松年，聘请了马加、刘绍棠、浩然、臧克家等多位名家为顾问，办刊宗旨确定为倡导乡土文学，面向农村，面向全国。1997年，《庄稼人》改刊为《辽西文学》。在《朝阳》和《庄稼人》编辑部工作期间，萨仁图娅主要负责编辑诗歌。她热爱诗歌，对文学事业抱有极大的热情，工作勤奋，点子多，很快就把诗歌版面办得有声有色。在此期间，她的文学组织才

2002年，萨仁图娅在辽宁省委、省政府表彰优秀专家大会上领奖

能也得到了初步展露。萨仁图娅知道，要做一名好编辑，业务水平和工作能力固然重要，但更重要的是要有甘为他人作嫁衣的精神。她把诗歌版面当作一块宝贵的园地来经营，与来自各行各业的作者一同研究、探讨，丝毫不计较个人名利，帮助他们精心修改稿件，鼓励他们不断努力、大胆创新，逐渐使更多的诗歌之花盛开在这片百花园中。同时，她也培养了一大批青年诗人。

1984年上半年，在朝阳筹备地区改市的过程中，萨仁图娅被抽调参与撰写部分重要材料。在工作中，相关部门领导注意到她政治素养高，业务能力强，又是少数民族，在筹备工作结束后，把她调到了市委统战部，于是，她的编辑生涯暂时中断。调到市委统战部后，在出色地完成本职工作的同时，她仍然坚持进行文学创作，在诗歌创作上取得了更大成绩，影响也越来越大。1988年，萨仁图娅经过慎重思考，决定放弃走得还算顺利的"仕途"，转向文字工作。她被安排创办《朝阳工人报》，担任副总编辑，接续了编辑生涯。在《朝阳工人报》工作期间，她根据工会、工人宣传工作的特点和时代发展的需要，将报纸办出了特色与品位。为了弘扬时代精神，宣传改革开放中各条战线上涌现出的典型人物，她积极撰写并组织业余作者采写报告文学，不但在《朝阳工人报》上优先发表这些作品，还将其中的优秀稿件推荐到《工人日报》《当代工人》等国家级、省级报刊发表。萨仁图娅还非常重视在报纸上建立文学创作园地，活跃工人生活，从工人群体中发掘新的作者。1989年3月，在中华全国总工会宣教部（宣传教育部）、中国工人报刊研究会等举办的首届全国工人报刊优秀编辑、记者评选中，她被评为优秀记者。

1991年，萨仁图娅担任朝阳市作家协会主席，后来又先后任朝阳市文联副主席、朝阳市文联主席、党组书记，并创办了《作家天地》杂志，长期担任《作家天地》《辽西文学》主编。作为文学刊物的主编，萨仁图娅精准地把握刊物的定位和办刊方向，努力把好政治关、质量关，精心进行策划和版面安排，组织约稿，主持日常编务工作。她带领编辑部一班人进一步明确了《辽西文学》的刊物定位：植根于辽西热土，充分展示时代风貌，培养各种文学新人，向社会和读者推介精品力作。在萨仁图娅担任主编期间，两本刊物的影响不断扩大，吸引了大量朝阳地区乃至省内、国内作者投稿，受到了广大读者的喜爱和业界的好评；在发掘和培养文学新人、推介名家名作等方面，也发挥了重要作用。1993年8月，在辽宁省文学艺术界联合会、辽宁省期刊联谊会评选中，萨仁图娅被评为优秀编辑。

萨仁图娅是公认的优秀的文艺事业领导者。从20世纪90年代起，她长期在市级、省级和国家级专业性人民团体、学术团体担任重要职务。1990年10月，萨仁图娅经《民族文学》杂志副主编特·赛音巴雅尔等介绍，被批准加入了中国作家协会。1991年11月，在朝阳市第一次作家代表大会上，她当选为作家协会主席，并连任3届，直至2007年7月卸任。1996年11月，萨仁图娅担任朝阳市文学艺术界联合会副主席、党组成员。1998年10月，萨仁图娅当选为中国蒙古文学学会秘书长。1999年9月，任朝阳市文学艺术界联合会主席、党组副书记。2001年11月，任朝阳市文学艺术界联合会主席、党组书记。2000年，在辽宁省作家协会第七次代表大会上，萨仁图娅被选举为主席团委员、作协理事。后来，担任辽宁省作家协会顾问，辽宁省传记文学学会会长，辽宁省文化交流协会民族与宗教委员会副主任。2004年9月，当选为中国蒙古文学学会副会长。萨仁图娅作为代表，出席了中国作家协会第五次全国代表大会和中国文学艺术界联合会第七次全国代表大会及中国作家协会第六次全国代表大会。

朝阳市第一次作家代表大会确定的目标是"大团结、大繁荣；出精品、上档次"。在担任朝阳市作家协会主席后，根据作代会确定的总体目标，萨仁图娅对自己的工作提出了5点要求：一是自身要在创作上为广大作家做好表率，更加努力地进行文学创作，多出精品佳作；二是为作家做好服务工作，为朝阳地区的作家排忧解难；三是带好队伍，最大限度地团结朝阳地区的所有作家，不断增强队伍的凝聚力；四是提升朝阳作家的整体实力，繁荣朝阳的文学事业，做好培养新人的工作，向省内、国内推介优秀的作家，增强对外联系，增进朝阳作家与外地作家间的交流；五是办好作协主办的文学期刊，为朝阳本地作家和域外的作家提供阵地，也借此不断扩大朝阳文学及朝阳地区在省内、国内的影响。在相关领导和有关部门的支持下，经过萨仁图娅和作协一班人及广大作家的努力，朝阳的文学事业得到了快速发展。朝阳作家群体在省内异军突起，在诗歌、小说、报告文学、散文、文艺评论等领域，均出现了一批有影响力的作家和作品。2022年6月10日《朝阳日报》刊登的《繁华似锦：朝阳文学70年》记述了这一时期文学的辉煌：

　　1991年12月6日，朝阳市作家协会成立，著名作家玛拉沁夫为名誉主席，萨仁图娅任主席，朝阳文学事业步入有组织、有凝聚力、团队冲锋的发展时期。谢子安的"田园散文"创作渐入佳境，连续在《人民文学》《青年文学》《散文》《美文》等全国名刊发表，引起全国散文界的关注。刘家声、刘建军、董恒波、薛树军、高栋宾等作者相继在名刊《散文》发表作品。于海涛的小说《风朝故乡》发表在《人民文学》，《八月草场》被《小说选刊》转载，邸玉超的小说《生》被《小说月报》转载，刘书芳的小说在《中国作家》发表。1996年董恒波的《红山女神的故乡》（《爱我家乡、爱我辽宁丛书》之一）获第五届全国"五个一工程"奖；1996年胡希久的长篇小说《七月》获辽宁优秀长篇小说奖；1997年董恒波的《天机不可泄露》（《棒槌鸟儿童文学丛书》之一）获第六届全国"五个一工程"奖，董恒波等6位儿童文学作家迅速在全国走红，被称为辽宁儿童文学创作"小虎队"；1998年萨仁图娅的诗集《梦月》获第三届东北文学奖。①

担任朝阳市文联主席后，萨仁图娅的生活与工作进入了更加忙碌的状态。朝阳市文联是一个大摊子，下面设有15个协会，包括作家协会、书法家协会、美术家协会、曲艺家协会、音乐家协会等。20世纪90年代的朝阳还有一个客观情况，经济与文化发展不平衡。朝阳是一个历史悠久、文化积淀深厚的地区，文化活动和文艺活动一向比较活跃，但也是一个经济上相对落后的地区，经济不发达，财政也比较紧张。如何在这种不平衡中处理好文化与经济的关系，在经济相对困难的情况下发展文艺事业，如何以文艺事业的发展来反哺经济，是地方党委、政府面临的大问题，也是文联的当家人要认真思考和处理的具体问题。萨仁图娅认为，朝阳文联工作，有着明显的优势，有独特的资源，有人才，文艺工作者有创作热情。但劣势也很明显，文联原本就是个穷"衙门"，没有行政权力，缺乏资金，加之市里经济不宽裕，很难顾及文联的工作。同时，也有一部分人认识不到文联的价值，觉得这些人是在玩虚的。萨仁图娅知道，文联要想保持和继续扩大原有的优势，要想发展，要改变一些人的偏见，最关键的是文联和文艺工作者要有新的作为，有为才能有位。据时任朝阳市作协副主席李学英回忆，为了得到市领导和社会的认可，"她（萨仁图娅）带领文联的同志们搞活动，主动要求市领导把活动交给文联来搞。刚开始的时候，市领导不放心，只是交给一些小型活动，后来人们发现文联搞的活动别出心裁，有声有色，便把一些大型的活动也交给文联来办，从思想上扭转了看法"。得到了领导和社会的认可后，局面打开了，但萨仁图娅的压力却与日俱增。大家认可了，期待也高了，文联的工作更不能让人们失望。萨仁图娅的每一天都被工作塞得满满的。她要为文联争取更多的支持和资金，需要多方

---

① 张男，晓笛：《繁华似锦：朝阳文学70年》，《朝阳日报》，2022年6月10日。

奔走，利用各种机会鼓与呼；要指导和协调、沟通各协会的工作；要策划和组织活动；要接待文联、作协系统的来访者，为他们排忧解难，为他们发表作品、参加培训等提供支持，为他们出书撰写序言……李学英讲述的萨仁图娅3天的工作情况，是她作为文联主席的常态："2003年的一个夏天，市里有活动，她带着文联的同志策划活动方案，夜半方归。第二天凌晨前往外地参加人大会议，第三天早上8点，准时坐在办公室，因为8点30分有师专艺术展，司机小李说早上5点30分就上路出发了。50多岁的人了，早餐太随便，吃的地点在车上，一杯酸奶，一块蛋糕，一个水果。"①与萨仁图娅共事的文联人对她的印象是善于沟通、协调和引导，待人真诚，对人对事负责任，敢想敢干。付出总有回报，在萨仁图娅担任主席期间，朝阳市文联的各项工作均实现了跨越式发展，文联机关连续被评为朝阳市文明机关，朝阳市文联被辽宁省文联评为先进单位。朝阳的多个艺术门类在省内居于前列，培养了多位具有全国影响力的艺术家，朝阳的文化软实力也由此得到了增强。

担任中国蒙古文学学会秘书长和副会长后，萨仁图娅积极参与学会的日常工作，组织了多次大型研讨会、座谈会等，为促进中国蒙古文学的发展做出了独特的贡献。担任辽宁省传记文学学会会长期间，萨仁图娅多次组织举办辽宁人物论坛和一系列采风、评奖活动，开创了辽宁传记文学创作和研究的新局面。

## 第二节
## 连任三届辽宁省人大常委会委员

在担任文艺机构和文学社团领导职务的同时，萨仁图娅也陆续担负起

---

① 内蒙古师范大学中国少数民族作家研究中心编：《萨仁图娅研究专集》，北京：中央民族大学出版社，2005年版，第435—436页。

1995年，萨仁图娅参加省人代会

更多的重要职责。1994年，她被推举为朝阳市第六届政协委员，履行政治协商和民主监督的职责。

1995年2月，萨仁图娅由朝阳市人大常委会补选为第八届辽宁省人民代表大会代表。同年3月，在辽宁省第八届人民代表大会第三次会议上，当选辽宁省人民代表大会常务委员会委员、省人大民族侨务外事委员会委员。1997年2月，在辽宁省第九届人民代表大会第一次会议上，她再次当选为辽宁省人民代表大会常务委员会委员、省人大民族侨务外事委员会委员，同时被选为省人大常委会代表资格审查委员会委员。2003年2月，在辽宁省第九届人民代表大会第一次会议上，经选举，她连任上述职务。自当选省人大代表、省人大常委之日起，萨仁图娅知道，她的人生从此又多了一分沉甸甸的责任。她要以百倍的努力回报组织和人民的信任，不负人民的重托。

萨仁图娅是省人大代表中的基层干部、少数民族干部代表，是来自文艺战线的代表，是女性代表。因此，在履职过程中，她更多地关注来自最基层的声音，关注文化工作、少数民族工作，也非常关心妇女、青少年和儿童问题。萨仁图娅的工作和生活经历，使她非常了解基层群众的生活和诉求。在当选人大代表后，她每个月都专门抽出一定的时间深入群众、深入基层单位去进行调查研究。发现具体问题后及时向有关部门反映，使很多问题得到了重视和妥善解决。她自身在文艺部门工作，对于文化领域的问题有着全面、客观的了解和深刻的理解，她针对文化建设问题提出了很多好的建议。萨仁图娅对民族政策和蒙古族等少数民族的历史文化有着全面的了解，总是能够为相关部门提出中肯的意见和建议。她格外关心女性生存、发展，以及青少年、儿童健康成长问题，一旦发现具体问题和典型问题，一定要进行深入了解、细致分析，然后通过适当渠道和方式谋求解决。在每年的省人代会上，她都能提交出高质量的议案或建议。如关于化石保护立法、网吧管理等的议案、建议，均引起高度重视和极大的反响。"她的议案《关于亟须制定化石保护条例》，大会主席团重点受理后，省人大当年立法。还有'加大扶持力度，促进朝阳发展''把化石资源作为旅游资源保护开发'等建议，都受到重视。"①萨仁图娅老家北票市化石资源丰富，但这些资源并没有得到相应的保护，看到滥采乱挖的现象，她非常痛心。于是，她以人大代表的身份联合其他代表提出了议案，建议制定相关法律法规保护珍贵的化石资源，这一议案得到省政府高度重视，《辽宁省古生物化石资源保护管理条例》很快得以制定并实施。在条例施行几年后，萨仁图娅再一次领衔提出了修改议案，使这部法规得到完善。萨仁图娅在调研中，看到一些孩子对网络的兴趣超过了读书，便产生了担忧，特别担心未成年人沉迷于网络。她领衔会同另外10名代表联名提出《关于网络规范化管理的建议》。建议指出：因为网络登录身份隐蔽、自由空间较大不易管理，使一些不健康的东西在这里找到栖身之所，应加强对网站和网吧的规范化管理，例如将散在的网吧进行集中筛选，设立专门经营网吧的场所。在萨仁图娅的呼吁下，关于网吧的整治活动在辽宁大规模展开，未成年人

---

① 牧琪尔：《这一个蒙古人——萨仁图娅侧记》，《统战月刊》，2003年第12期。

进入、超时营业、脱网游戏等社会焦点问题，在一定程度上得到了解决。萨仁图娅还领衔提出了《关于在社区建设中同时建儿童活动场所和设施的建议》，就社区建设中应有计划地配置儿童活动设施，为广大儿童健康成长创造良好的社会环境提出建议，得到省政府及相关部门的高度重视，答复"全部予以接纳"，并表示"将儿童活动场所和设施建设作为居住区建设的重要内容"，"规划编制部门要在居住区规划设计中将儿童活动场所和设施的建设作为配套建设的内容统一考虑，规划审批管理中心要求将社区的儿童活动场所和设施建设作为必备的审批要求"。为了促进家乡发展，她提出了《参照国家西部大开发的政策，制定促进辽西发展的议案》，议案受到省政府高度重视，迅速研究落实，并确定了每年5000万元的扶持基金。在推进民族地区发展和民族文化建设方面，她领衔并会同其他几位代表提出《把辽宁蒙师升格为民族高校的建议》。经过几年的努力，上述建议得到了落实。萨仁图娅还针对恢复重建尹湛纳希纪念馆的问题，提出建议，并捐献了自己珍藏的有关资料。

萨仁图娅的建议和议案，有一部分事关全省乃至整个社会的健康发展，对促进相关问题的解决发挥了积极作用；有相当一部分直接关系到家乡朝阳的建设和发展。今天的朝阳市，已经改变了经济和社会发展相对落后的状况，通过"积极创建融入京津冀协同发展战略先导区和国家产业转型升级示范区，着力建设区域性先进制造产业基地、中国北方绿色农产品生产与精深加工基地、京沈都市文化旅游带历史文化旅游目的地和辽冀蒙区域性物流中心"①等一系列工程，各项事业均实现了历史性突破，跨越式发展。朝阳的化石资源得到了合理的保护和充分的开发，"化石文化"成为朝阳市的四大文化名片之一，化石成为朝阳面向世界的一个重要窗口，每年都会吸引大量游客前来观光。朝阳市在经济社会发展、文化建设上取得的

---

① 王海涛：《朝阳：在振兴中实现跨越式发展》，《辽宁日报》，2022年10月14日。

1998年，萨仁图娅参加省人代会

成就，也凝结着萨仁图娅当年的心血与付出。

2002年，辽宁省人民检察院聘请萨仁图娅为检察监督员。2003年，辽宁省高级人民法院聘请她为执法监督员。萨仁图娅积极配合相关部门工作，并敢于为群众代言，圆满地完成了监督任务。为了履行职责、反映实际情况，萨仁图娅会同另一位代表到多家基层检察院进行暗访，将暗访中发现的问题书面反映给相关部门，得到了积极回应。她还为检察机关提出了改进工作的几点建议，如进一步加强基层院建设，目前的状况是不够均衡；强化规范管理，严格按照法律和制度来规范干警行为，尤其是基层干警行为，在规范中强化管理，在管理中提高规范化水平；全面建立方便人民群众反映问题的通道；加强基层队伍的工作纪律；建议不断提高基层执法队伍的政治素质与业务素质，严格依法办案；建议进一步完善对基层执法人员的多渠道监督制度。这些建议得到省检察院主要领导的高度重视，对加强基层执法队伍建设起到了推动作用。

# 第十三章
## 萨仁图娅的价值

这是一个闪闪发光的人！时时刻刻。她的光亮源于价值。萨仁图娅的重要价值，首先在于她是一位魅力诗人，她用充满美好、爱意与力量的诗文，营造了一个足以涵养人们心灵、荡涤世间污浊的文学艺术世界。萨仁图娅的重要价值之二，在于她是一位为文学界和社会上很多人带来光明、温暖和照亮人生道路的奉献者。萨仁图娅的重要价值之三，在于她是传播中华文化、蒙古族民族文化、辽宁地域文化的优秀的形象大使。

探讨一个人的价值，说来容易，实则很难。说容易，是因为每一个存在于世间的生命个体，都具有一定的价值。说很难，是因为一个人很难全面、深刻、客观地认识和评价另外一个人，研究者与被研究者的关系也概莫能外。知其难而为之，原因有三：一是萨仁图娅承载着不同寻常的价值与意义，阐释萨仁图娅的价值，是萨仁图娅研究的重要组成部分，如缺乏这部分内容，研究是不完整的；二是在当代少数民族女性作家、诗人中，萨仁图娅是个性、内涵与感染力兼具的几位之一，她及她的作品所具有的精神价值与文化价值，可视为观察与研究当代诗歌、民族文化、女性意识的重要标本，探讨萨仁图娅的价值，能够引发更多的思考，起到示范和引领的作用；三是笔者多年跟踪研究萨仁图娅，对她的人生经历、文学创作和学术研究成果、人格风范等有着相对全面的了解，自认为具备阐释萨仁图娅价值的基本条件和能力，故勉力为之。

萨仁图娅的重要价值，首先在于她是一位魅力诗人，她用充满美好、爱意与力量的诗文营造了一个足以涵养人们心灵、荡涤世间污浊的文学艺术世界。一位诗人、作家，能用承载着爱与美的文字温暖人、吸引人、鼓舞人，是她的魅力所在，也是价值所在。萨仁图娅的重要价值之二，在于她是一位给文学界和社会上很多人带来光明、温暖和照亮人生道路的奉献者。她尽自己所能，或带动或求助他人，帮助那些需要帮助的人，让茫然者清醒，让有志者坚定，让无力者有力，让悲观者前行。萨仁图娅的重要价值之三，在于她是传播中华文化、蒙古族民族文化、辽宁地域文化的优秀的形象大使。

# 第一节
## 魅力诗人

我们之所以称萨仁图娅为魅力诗人，是因为萨仁图娅和她的诗文均充满了吸引人的力量，她是一位自身带着温暖和光的诗人，她的笔下倾泻的是具有光华、真情和爱意的诗文。萨仁图娅的这种魅力究竟来自何处？多年来，评论家们撰写的多篇文章均涉及了这一问题，其中王建中的万字长文《真诚·挚爱·诗味——萨仁图娅印象兼品〈幸福八卦〉》论述得最为全面、准确，有着诸多透彻之见。王建中将萨仁图娅的人格风范及其诗文的特质概括并表述为真诚无价、挚爱无限和诗味无穷。

关于真诚无价，王建中谈道：

> 文如其人，书如其品，这品指人的品德、品格、品行、品质，其实还是指人而言。萨仁图娅的作品及友人对这些作品的评述，映现出她的思想、品德、才智，从而多角度、全方位了解了萨仁图娅其人其文。她给予我的首选印象是她的人品高尚，而人品决定文品，她的文品自然也纯正。萨仁图娅的人品高尚表现在诸多方面，但其核心是真诚。①

萨仁图娅带给好友石英的第一印象也是"有千年文化气息熏陶形成的那种热诚而朴厚的性格和文化品位"②。在随笔《本色人生不宣言中》，萨仁图娅发出了她的"真诚宣言"：

> 揣着真实，在本色人生中真诚地诉说，坦荡地面世，由衷地祝福，无悔无憾太绝对，少一点后悔少一点遗憾还是可以实现的。③

---

① 王建中：《理论探索与文学研究》（续编），沈阳：春风文艺出版社，2013年版，第420—421页。
② 内蒙古师范大学中国少数民族作家研究中心编：《萨仁图娅研究专集》，北京：中央民族大学出版社，2005年版，第14页。
③ 萨仁图娅：《保鲜心情》，天津：百花文艺出版社，2000年版，第81页。

在随笔《守住真诚》中，更见萨仁图娅对真诚的深刻理解：

真诚本质上是一种意志行为，以一个生命完全承诺另一个生命。

在她的生活世界和文学世界里，真诚超乎一切，她写道：

真诚是人生的通行证，是走进灵魂唯一的通行证。尽管这通行证并不万能，也不是一路绿灯。走在风雨中，最能体会人心的险恶与变幻。回应生活，心性存养，品德隐情，以永不流失的纯真，守住自己的真诚。真诚，不是一个抽象的概念，它如秋天里挂满枝头的果实一样具体，经历成熟的过程。如何赢得他人的认同，就是一个让果实成熟的过程。真诚，作为人的美德，是一种心灵的健康，美而真；而虚假是心灵的一种疾病，丑而不实。真诚于心，爱植根于生命之中，无条件地与生命等同。①

真诚地为人为文，是使萨仁图娅的人格和诗文散发魅力的重要因素之一。对于这种真诚，读者、评论家们和她的朋友们均有深切的感受。华舒阅读萨仁图娅诗歌的体验是：

诗之灵，在于情；诗之魂，在于真——这是我坚信不疑的。而萨仁图娅的诗作恰恰真诚炽热。读她的诗作就是在感受她炽热真诚的情感。读者在她这种美好的情感里被感动。②

尤雪茜阅读萨仁图娅诗歌的强烈感受是：

① 萨仁图娅：《幸福八卦》，北京：作家出版社，2007年版，第129—130页。
② 内蒙古师范大学中国少数民族作家研究中心编：《萨仁图娅研究专集》，北京：中央民族大学出版社，2005年版，第71—72页。

这些诗是诗人对人生与人生职责的理解，是写一些真正的灵魂以及灵魂的投影，是诗人真诚地观照世界并同世界倾心地交谈。诗人萨仁图娅努力用一种崭新的虔诚的诗的思维与眼光，让自己的诗融入自己的血与骨头。①

与萨仁图娅共事多年的李学英的评价很具代表性，她认为，萨仁图娅"不管是什么，也不管做什么，她都像她写的诗一样带着真诚，真诚写诗，真诚待人，人间难得是真诚，只有真诚最动人"，"她为诗为文真诚。正如她为人真诚一样，得到了社会各界的认可，乃至海内外的认可"②。

王建中对萨仁图娅诗文及为人的第二个重要评价是挚爱无限。他认为："萨仁图娅以写诗歌特别是写爱情诗起步，她的诗、她的文，大都涉及爱。她对爱的理解也就更为深刻与宽泛。"在某种程度上，萨仁图娅的作品就是爱的宣言。"这种爱远远超出了男女之间的情爱，而是爱祖国、爱人民、爱人生、爱事业、爱朋友，自然也包括爱父母、爱丈夫（妻子）、爱子女、爱自己，是一种人间大爱。"③在《当暮色渐蓝》后记、《梦月》后记和《心水七重彩》补记中，萨仁图娅均从多个角度阐释了爱的内涵及她对爱的态度。在随笔《无条件地爱自己》和《挚爱人生》中，她更加透彻地表达了自己的大爱观：大爱起于小爱，爱他人爱国家源于爱己；人者大爱人间，生者挚爱人生。她在《无条件地爱自己》中写道：

无条件地爱自己，并非出于一种夜郎自大的狭隘，而是源于对生命本身的崇尚和珍重。人的一生，即使是最亲爱的父母和最

---

① 内蒙古师范大学中国少数民族作家研究中心编：《萨仁图娅研究专集》，北京：中央民族大学出版社，2005年版，第220页。
② 内蒙古师范大学中国少数民族作家研究中心编：《萨仁图娅研究专集》，北京：中央民族大学出版社，2005年版，第444页、第435页。
③ 王建中：《理论探索与文学研究》（续编），沈阳：春风文艺出版社，2013年版，第425—426页。

2007年，萨仁图娅与著名蒙古族作家玛拉沁夫（左一）、席慕蓉（左三）合影

真诚的朋友也不会永远地伴随我们，唯有自己时时刻刻地相伴自己，须臾不离，形影不离，岂有不好好来爱的道理！眷恋生命，执着人生，无条件地爱自己。只有无条件地爱自己，才会真正懂得去爱自己与他人所共同拥有的这个世界以及世界上的一切一切……①

在《挚爱人生》中，她以更广阔的视野关照人间大爱，并写道：

> 友爱情爱自爱家国爱，都是爱；亲情友情爱情乡土情，皆是情。如果没有爱与情，生命生活等于零。
> 爱是生命对生命的承诺，爱是心灵与心灵的契合。爱能明亮太阳，爱能缤纷风景。②

萨仁图娅及她的作品之所以能够备受读者喜爱，与其传递和散发的人

---

① 萨仁图娅：《幸福八卦》，北京：作家出版社，2007年版，第157页。
② 萨仁图娅：《幸福八卦》，北京：作家出版社，2007年版，第64页。

间大爱有着重要关系。晓雪的评价是：

> 不光是诗，她的所有作品，包括散文诗、散文、报告文学和
> 评论文章，都浸透爱、表现爱、贯穿爱，都是诗人的爱的升华和
> 结晶。[①]

徐光荣的评价是：

> 萨仁图娅的诗，是默默厮守太阳、祖国、人民的心灵倾诉，
> 像月的精魂，总是泻出缕缕清辉。[②]

王晓峰认为，萨仁图娅写尹湛纳希等人物传记，也是在探寻和表现着
人间大爱：

> 她是全身心投入了，在以自己的奔涌着祖先血液的心灵，在
> 用着蒙古族特有的豪放和激情，拥抱着那个伟大的灵魂。[③]

王建中对萨仁图娅及其作品的另一个突出印象是诗味无穷。他写道：

> 她的言行举止都富有诗意，其赋诗著文就更是如此。
> 萨仁图娅的每一首诗、每一部诗集都充溢浓浓的诗味。

---

[①] 内蒙古师范大学中国少数民族作家研究中心编：《萨仁图娅研究专集》，北京：中央民族大学出版社，2005年版，第6页。

[②] 内蒙古师范大学中国少数民族作家研究中心编：《萨仁图娅研究专集》，北京：中央民族大学出版社，2005年版，第23页。

[③] 内蒙古师范大学中国少数民族作家研究中心编：《萨仁图娅研究专集》，北京：中央民族大学出版社，2005年版，第299页。

作为多面手的萨仁图娅不仅出版了多部诗集、散文诗集，而且出版了报告文学集、散文集、随笔集、文论集、人物传记。以诗歌起步的萨仁图娅在这些作品中也都体现出与众不同的诗味。①

无穷的诗味，是萨仁图娅所具魅力的重要源泉之一。我们所说的诗味实则是一种意境美。"意境美指诗中的境界来源于诗人强烈真挚的思想感情与生动优美的客观世界的高度的完美的有机融合。它具备诗中有画、情景交融、神形兼备、韵味隽永等特点。"②

萨仁图娅的诗文，是她让生活与爱在心中发酵后酿造出的美酒，清新、婉约、深挚、素朴，闪耀着独特的美的光芒。她说：

我以我笔写我心，我写故我在。写诗也好，写其他文体的作品也好，都是我的心灵之语。③

这些诗歌在创作上"体现了'从心灵出发，抵达至心灵'的宗旨，她是听从了自我内心或者说情感的呼唤，让灵魂的声音借助于笔端流泻于纸上，形成了一种真正属于诗性气质的文字"④。

---

① 王建中：《理论探索与文学研究》（续编），沈阳：春风文艺出版社，2013年版，第433—434页。
② 黄邦君，邹建军：《中国新诗大辞典》，长春：时代文艺出版社，1988年版，第72页。
③ 内蒙古师范大学中国少数民族作家研究中心编：《萨仁图娅研究专集》，北京：中央民族大学出版社，2005年版，第484页。
④ 内蒙古师范大学中国少数民族作家研究中心编：《萨仁图娅研究专集》，北京：中央民族大学出版社，2005年版，第85页。

## 第二节
## 一把火：温暖他人与人世间

在为萨仁图娅文艺评论集《丽句为邻》所作的序言中，王向峰有感于她在推介同道上的无私奉献与真诚付出，称她为能照亮别人和自己的一把火。诚哉斯言！与萨仁图娅有过接触的人都能强烈地感受到，她就是一把火，点燃自己，并不断地燃烧自己，永远用光和热照亮、温暖着他人与人世间。

2022 年 8 月，萨仁图娅荣登《妇女》杂志封面人物

萨仁图娅一直非常推崇 1903 年诺贝尔文学奖得主比昂松的一句话："我们在文学中追求的是一种有意义的生命，它虽然小如露珠，却可以在风雨中自由驰骋，有了这点精神，我们会坦然无畏，没有它，我们会觉得迷惘。"[1] 一直以来，她既在文学创作中，也在现实生活中坚持追求有意义的生命。在萨仁图娅的价值体系中，文学所承载的有意义的生命，一定具有向上向善向美的精神特质；现实中有意义的生命，一定是有益于国家、社会与他人的。她认为，一个生命个体，只有尽自己最大所能去温暖身边人、扶助弱小者、引导寻路者、鼓励奋进者，他度过的才是有着特别意义的人生。

---

[1] 程三贤编选：《给诺贝尔一个理由》，北京：中国广播电视出版社，2006 年版，第 198 页。

阅读萨仁图娅的作品，人们感受到的总是浓浓的温情与满满的温暖。在日常生活和工作中，身边人从她的身上感受到的也总是亲和与赤诚。萨仁图娅谦逊温和，温文尔雅，没有一丝一毫名诗人和大学者的架子。她待人宽厚，尊重和爱护身边的每一个人。我想，这种性格特质，一定是经过文化浸润和世事锤炼后而形成的。蒙古族女诗人娜仁琪琪格多次谈到2000年在北京初见萨仁图娅时的感受，并强调，时隔多年，这种感受从未变过。她写道：

> 她有如一缕阳光一样映入我的视野，眼前的一切事物都在一刹那明晰、透彻起来。她上身着一件很古典的紫红色衣服，下身穿黑色长裙，干练大气中透显着诗人的气质。惊喜的我迎上去说："您是萨仁图娅老师啊，我是朝阳人，读的第一本诗集就是您的《当暮色渐蓝》。"于是我们便交谈起来，她关心地问起我的一切，让我这个在外漂泊无依的人感受到了来自母亲的温暖。几年后，我依然记住那一刻，还有家乡的大红枣。

2001年春，娜仁琪琪格回家乡朝阳，再次见到萨仁图娅，萨仁图娅热情地邀请她回家吃饺子。她永远难以忘怀那种感受：

> "家"，多么温暖的词汇，让我有了落地生根的感觉，也许这正是一个漂泊的人心灵的渴望与归依。吃过饺子我们促膝而坐在她家的地毯上，谈文学、谈人生。①

与萨仁图娅接触和交往过的人特别是年轻人，都有着与娜仁琪琪格同

---

① 内蒙古师范大学中国少数民族作家研究中心编：《萨仁图娅研究专集》，北京：中央民族大学出版社，2005年版，第460页。

样的感受。评论家张晓峰曾评介：

> 有时她像慈母，不仅指导年轻人写作，还要为年轻人的生计操劳，甚至管吃、管住、买车票。有时她像恩师，时常有"得天下英才而教之，此乃人生一大快事"的满足，所以她从不怕后生超越自己，而是精心为他们打造示才的平台，铺设成功之路。有时她又像位大姐，你有什么委屈尽可向她倾诉。她不仅给予你心灵上的关爱，甚至可以包容你的任性与调皮。与之对话时常有一种清爽、释然、欣然、怡然之感。[①]

受到萨仁图娅影响的人数不胜数。她直接帮助过的人，多数是诗人、作家、业余写作者。在文学刊物担任编辑和担任作协主席、文联主席期间，萨仁图娅一直注意发掘朝阳文学界的新人，关心他们的成长。20世纪80年代，她扶持韩辉升、李秀军等一批青年作家走上文坛。后来，又以推选外出学习、推荐发表作品等多种形式，帮助尹守国、李铭等一大批朝阳作家快速成长。仅2003年开班的辽宁文学院新锐作家班，朝阳市作家协会就推荐了8名作家参加学习。作家班开班期间，萨仁图娅去文学院去看望学员，勉励他们一定要学到真本事。学员们结业后，她又安排在《辽西文学》推出"作家方阵"专栏，为作家班学员刊发作品。当年的作家班学员品儿说：

> 作为本市的文联主席和文学前辈，她像一位慈祥的妈妈和知心的大姐姐，以她超凡的亲和力把大家凝聚在一起。她用女性特有的细腻时时刻刻关注着身边人的创作和成长。[②]

---

[①] 内蒙古师范大学中国少数民族作家研究中心编：《萨仁图娅研究专集》，北京：中央民族大学出版社，2005年版，第36页。

[②] 内蒙古师范大学中国少数民族作家研究中心编：《萨仁图娅研究专集》，北京：中央民族大学出版社，2005年版，第338页。

　　萨仁图娅在朝阳工作的那些年，热情地接待了很多来自全国各地的作家和文学爱好者。李学英曾记述萨仁图娅的这段经历：

　　　　无论哪方面的作家来见她，她总是热情地接待。偏远的作者来见她没处吃饭，她就把人带到家里。一些作者出书请她作序，她也是满口地答应，全心地支持。有的作者过意不去送一些小礼物给她，她也总是以更大的代价还回。她说自己是从业余作者起步的，她知道业余作者的艰难，现在还有这些热爱文学的人是多么不容易啊！现在她写序的名气太大了，锦州、辽阳、沈阳，台湾等地的作家也来求她写序，曾有人戏言她成了序言专业户。①

　　萨仁图娅热情地为作家、诗人作序，推介作家作品、助力作家成长，在辽宁文坛被传为佳话。在《丽句为邻》中，收录了她为作家作品撰写的近70篇序言，这也仅是她所作序言的一部分。这些序言篇篇精彩，耗费了她的大量心血。王向峰在读完这些序言后感叹：

　　　　如果序者没有热情关注的态度，在却之不恭的情况下，敷衍一下也就随他去了。可是萨仁图娅却视这种活动为"发现美与寻找美"的活动，同自己作为作家"创造美与表现美"一样，"都是作家与生俱来的职责使命"。出于这种责任自觉，她立足于朝阳地区，也面向辽宁省，乃至海外，为那么多的文坛长少写了书序书评……我觉得像萨仁图娅这样以大量评论方式展示地区文艺发展和成就，并热心予以总结、引导和鼓励的人，在辽宁省是并不多见的。②

---

① 内蒙古师范大学中国少数民族作家研究中心编：《萨仁图娅研究专集》，北京：中央民族大学出版社，2005年版，第436—437页。
② 萨仁图娅：《丽句为邻》，北京：中国广播电视出版社，2003年版，第2页。

著名满族诗人华舒与萨仁图娅是文坛好友。他常常谈及萨仁图娅对他的帮助：

> 这种帮助不仅仅是她的诗作对我的启发，这种帮助不是能用无私热情所能概括得了的。我刚刚出版了两本诗集，萨仁图娅便建议我申请加入中国作家协会，并给我寄来了中国作协的表格。这在当时我是连想也不敢想的。我的第三本诗集出版后，她又建议我参加第四届中国少数民族文学奖的评奖。这在当时对于我这个业余作者来说更是异想天开，但是居然成功了。我是在萨仁图娅助我一臂之力的情况下走上文学道路的。①

关于萨仁图娅的为人，诗人宁明曾写道：

> 她是一位待人真诚、为人平易的人。尤其在文坛，内心"高贵"的人往往行为上也显得"清高"，让人望而却步、不敢接近。而萨仁图娅大姐则是一位心底澄明、高贵，而在生活中又极平易近人的人。她从不在谁面前"摆谱"，待人总是那么真诚、热情，尤其是对晚辈的诗人、作家更是体贴、关爱有加，所以，萨仁图娅大姐赢得了文朋诗友们的由衷敬重与心灵上的亲近。萨仁图娅大姐无疑是我等这辈诗人的老师，但大家都已习惯地称她为大姐，甚至就连那些70后、80后的青年诗人，也都"大姐、大姐"亲切地叫着。这不单是一个称呼的改变，而是萨仁图娅大姐与年轻诗人、作家心灵相照、彼此相融的见证。②

---

① 内蒙古师范大学中国少数民族作家研究中心编：《萨仁图娅研究专集》，北京：中央民族大学出版社，2005年版，第72—73页。
② 巴义尔：《蒙古写意——当代人物卷四》，北京：民族出版社，2014年版，第755页。

2019年，画家、学者程义伟赠萨仁图娅《孺子牛图》

近年来，萨仁图娅与沈阳书画家"六涛"结下深厚友谊，不遗余力地助推"六涛"发展，在文化界、艺术界被传为佳话。"六涛"即指沈阳书画

2018年，萨仁图娅与学者、评论家、本书作者叶立群合影

家穆瑞彪、程义伟、矫玉珍、邢占一、张庆东、白牧，是近年在辽沈地区崛起并产生了广泛影响的书画家组合。在"六涛"的诸多活动中，多见萨仁图娅的身影，她或到场祝贺，或进行提点，或多有勉励。"六涛"书画家也频频提及萨仁图娅给予他们的支持与鼓励。萨仁图娅与"六涛"间也以师友之谊而互赠诗画，多有唱和。2020年7月，萨仁图娅与笔者合作，撰写并在《辽沈晚报》连续刊发了6篇文艺评论：《问道古今绘山川——穆瑞彪的青绿山水画》《醉心翰墨天地间——程义伟的山水画》《笔蘸豪情铸军魂——军旅画家矫玉珍的书画艺术》《翰墨金石意纵横——邢占一的书法篆刻艺术》《丹青点染妙入神——张庆东的花鸟画》《彩墨风华任平生——白牧的绘画艺术》。这些评论文章，让更多的人熟悉了"六涛"，了解了"六涛"书画艺术的特色与价值。

## 第三节
### 文化形象大使

除诗人、作家、文化学者、作协主席、文联主席等身份外，萨仁图娅还拥有一个容易被人忽视、无任何组织任命和聘请却发挥了重要作用的身份：文化形象大使。

传播是文化的本能，交流是文化发展的动力之一。在进行文化传播和增进交流的过程中，载体与传播者发挥着至关重要的作用。多年来，萨仁图娅作为传播者，为推广中华优秀文化做出了特殊的贡献。她之所以能够担此重任，成为文化形象大使，原因有三。首先，萨仁图娅具有传播文化的影响力。作为辽宁文学界的代表性人物之一、中国少数民族作家的代表、具有国际影响的金奖诗人和民族文化学者，她在对外交流中有着足够的影响力。第二，萨仁图娅深深地热爱着中华文化、本民族文化和家乡文化，并对它们有着深刻理解和高度认同。第三，自有机会进行对外交流之日起，

2013年，萨仁图娅与杨澜同为文化论坛嘉宾

萨仁图娅就将展示家乡文化、民族文化和中华文化作为自己的使命，努力将其中最精华的部分、最好的文化形象展示给外界。

　　萨仁图娅一直以家乡悠久的历史和灿烂的文化为荣。她是这片土地的永远的歌者。这个世界上第一只鸟起飞、第一朵花绽放、具有厚重历史文

1987年，萨仁图娅与著名文化学者彭定安在尹湛纳希纪念馆前合影

化积淀的地方，是萨仁图娅文学创作的重要精神之源和文学书写的重要对象。很多人通过萨仁图娅及其作品，了解到朝阳及辽西的历史文化，并为这里的神奇所倾倒。萨仁图娅主编的《视觉朝阳》《魅力朝阳》等"文化朝阳系列丛书"，也让更多的人认识了朝阳，让朝阳进一步走向全国和世界。

作为蒙古族的一员，虽出生并成长在汉族地区，萨仁图娅却一直深深热爱着并潜心研究本民族文化。在国内国际交流的正式场合，她总是不忘自己是马背民族的女儿，穿着一身民族服装正装出席，既突显了民族特色，又表明了一种人生态度和文化价值观。广袤的草原，飞驰的骏马，是她精神的原乡。蒙古族文化，也是她文学创作的重点表现对象和重要的研究对象。通过萨仁图娅的书写与诠释，更多的人了解了蒙古族民族文化与民族精神。为了让更多的人了解、热爱蒙古族文化巨人尹湛纳希，萨仁图娅数十年如一日地为之奔走。她走到哪里，就将尹湛纳希的故事讲到哪里。如今，世界上越来越多的人通过萨仁图娅知道了尹湛纳希的事迹、作品和他的价值，也由此加深了对蒙古族文化的了解。从某种意义上说，今天的萨仁图娅，已经与她的先辈尹湛纳希一样，成为人们认识蒙古族文学的文化符号。

同样重要的是，萨仁图娅的诸多文学作品和研究成果，也是中华优秀传统文化的结晶，是传播中华文化的重要载体。

从20世纪90年代起，萨仁图娅就以诗歌和民族文化为纽带，与海内外诗人、读者进行广泛交流。她与国内外很多诗人建立并保持着友谊，积极参加各种交流活动。她到过包括香港、台湾在内的国内多个地区进行文化交流。国际上，她到过美国、澳大利亚、新西兰、新加坡、马来西亚、塞尔维亚、希腊、蒙古等多个国家参加国际论坛或进行访问、讲学。每次出访，她都受到当地文学界人士、学术界人士和读者的热烈欢迎，收获意想不到的效果。她的文学作品特别是诗歌，在上述国家及德国、俄罗斯、

2019年，萨仁图娅接受央视记者采访谈《尹湛纳希》

墨西哥等国均拥有一定数量的读者。美国耶鲁大学图书馆、哈佛大学费正清东亚研究中心、德国莱比锡民族学博物馆等多家机构收藏了她的著作。蒙古国中央省授予她"议会90年奖章"、最高荣誉奖章。世界各国的很多读者通过萨仁图娅作品这扇窗口，感受到中国诗歌、中国文学、中国文化的魅力。

近年来，为了让更多的人深入了解和热爱民族文化、中华文化，萨仁图娅多次携《蒙古族》《大美中华》《尹湛纳希》《成吉思汗诗传》等作品参加交流活动。2016年，萨仁图娅携《蒙古族》在北京、沈阳等地参加座谈会和读者分享会。2020年12月，萨仁图娅到西安参加第三届丝绸之路国际诗歌艺术节，并围绕自己的获奖作品《成吉思汗诗传》与读者进行互动。2021年7月，年过七旬的萨仁图娅拉着硕大的行李箱、带着图书独自乘坐火车赶到济南，参加了《大美中华》读者见面会。近年来，她以《诗意栖居与诗情表达》为题，应邀到大连外国语大学、沈阳城市学院、广东东软学院等院校为学子做讲座，受到了欢迎。萨仁图娅不辞辛劳辗转于多个城市做讲座的目的，是想让青年一代进一步了解中国优秀传统文化。

2019年，萨仁图娅"领读沈阳"

萨仁图娅是一位与众不同的诗人、作家、民族文化学者，如今的萨仁图娅已过古稀之年，她有着属于这个年龄的沉淀、成熟、平和与宽厚，却丝毫没有人们经验中这个年龄会有的迟滞和倦意。写作、研究、访友、对外交流，她精力充沛如壮年，热情似火如青年。我想，这一切一切的动力之源，应该是她年轻时就许下的愿望：用毕生精力去回报民族，回报乡土！

在本书写作接近尾声之时，笔者想起了惠特曼曾引用过的赫尔德给青年歌德的教导："真正伟大的诗歌永远是一种民族精神的产物，

2018年，萨仁图娅在《辽海讲坛》担任主讲

而不是少数有教养的卓越人物的特权。""最强有力和最美妙的诗歌还有待人们去吟唱。"[1] 我想，这恰恰也契合萨仁图娅的理解与追求。在过去的岁月中，她始终坚持为民族和人民代言，为民族精神而歌，为人民而歌；在未来的日子里，我们依然期待着她的更加美妙更加有力的诗歌。

---

[1] 李野光选编：《惠特曼研究》，桂林：漓江出版社，1988年版，第530页。

# 附　录

萨仁图娅画像　绘者：国富

# 萨仁图娅年谱简编
# （1949—2023 年）

### 1949年9月20日（农历闰七月二十九）

出生于热河省北票县（今辽宁省北票市）第十六区（今上园镇）一个蒙古族家庭。小名月华，是因为出生在一个有月亮的夜晚。父付登元，母杜淑琴，家里务农为生。祖母马春芝是饱读诗书、博古通今的女性，萨仁图娅从祖母那里得到文学的熏陶与启蒙。

### 1956—1962年

就读于家乡的张宝吐小学。虽为乡村小学，学校却有条件提供课外书籍供萨仁图娅阅读。

### 1962—1965年

就读于上园初中。当时的上园是远近闻名的文化之乡。萨仁图娅初一是学校少先队副大队长，初二是学校学生会学习部长，亦是学校中的文艺骨干，在学校的大型文艺活动中担任诗朗诵者，诗歌由老师选定或创作。

### 1965—1968年

在朝阳师范学校读书，开始文学创作。

1968年8月，在《朝阳日报》发表第一首诗。

1968年9月，诗歌《四分钟赞》刊载于《朝阳日报》和中国人民解放军总后勤部《政工简讯》。此后，接连在《朝阳日报》等发表诗歌作品。后因家庭成分原因，搁笔。

### 1968—1969年

朝阳师范学校毕业后，在北票县大板公社接受贫下中农再教育半年。

### 1969—1973年

到北票纺织厂车间，成为一名纺织女工。

### 1973—1980年

在北票纺织厂子弟学校工作。先后任教师、教研组长、教导主任。连年被评为先进工作者，也受到县里表彰。

1978年，党的十一届三中全会后，开始重新发表作品。诗歌等作品陆续在《朝阳日报》《朝阳》《鸭绿江》《辽宁日报》《人民日报》等报刊刊出。

### 1980—1985年

1980年10月，由北票纺织厂子弟学校调至朝阳地区文联，先后任《朝阳》《庄稼人》文学双月刊诗歌编辑。

1984年，调到中共朝阳市委统战部工作，先后任秘书处副处长、理论研究室主任。业余时间坚持文学创作。同年，经过4年函授学习，从辽宁大学中文系毕业。报告文学作品《青山有幸》获辽宁林业奖。

### 1986年

7月，第一部诗集《当暮色渐蓝》，由春风文艺出版社出版。诗坛泰斗臧克家题词："要有生活气息，要有时代精神，要有艺术修养，要有民族气息，愿与月华同志共勉之。"著名诗人、诗歌评论家阿红作序。

9月，在鞍山参加全省诗歌创作座谈会。

### 1987年

2月，成为"朝阳市女工1986年十大新闻人物"之一。

6月，参加在朝阳举办的"纪念尹湛纳希诞辰150周年首次尹湛纳希学术研讨会"，提交论文《寒芳一枝展素馨——论尹湛纳希咏菊诗的艺术特色》。

10月，学术论文《寒芳一枝展素馨——论尹湛纳希咏菊诗的艺术特色》

获朝阳市哲学社会科学优秀成果奖。

12月，报告文学《当灵魂懂得了它的使命》（原载《作家生活报》）获凤鸣文学奖一等奖。

### 1988年

调任创办《朝阳工人报》，任副总编辑。

3月，被评为"朝阳市妇女界十大新闻人物"。

12月，散文作品《我和孩子一同长大》获"辽西风征文优秀作品奖"。

获朝阳市写作协会评选的优秀作家称号。

### 1989年

3月，在全国总工会宣教部、中国工人报刊研究会等举办的首届全国工人报刊优秀编辑、记者评选中，被评为优秀记者。

8月，到四川九寨沟参加全国散文诗笔会。

11月，出席在呼和浩特召开的中国蒙古文学学会成立大会暨第一次会员代表大会。

12月，九行抒情诗选《快乐如菊》由广西民族出版社出版，是"中国皇冠诗丛"作品之一。

### 1990年

3月，报告文学集《在时代的强弓上》由大连出版社出版。

4月，诗集《心水七重彩》由沈阳出版社出版，诗坛泰斗艾青题写书名。

6月，参加《民族文学》在本溪水洞举办的笔会。

新闻作品《市长的自行车队》获《工人日报》"现场实录"全国征文奖。

10月，经《民族文学》杂志副主编特·赛音巴雅尔等介绍，被批准加入中国作家协会。

11月，在北京人民大会堂出席由中国作家协会、国家民族事务委员会联合举办的第三届全国少数民族文学奖颁奖大会，诗集《当暮色渐蓝》获奖。

### 1991年

3月，报告文学集《在时代的强弓上》获中国作家协会辽宁分会、辽宁省报告文学学会评定的优秀作品奖。

8月，《悠悠寸草心》在全国工人报刊"党在我心中"主题征文中获优秀奖。

9月，散文诗集《第三根琴弦》由辽宁民族出版社出版。

11月，在朝阳市第一次作家代表大会上当选朝阳市作家协会主席。

### 1992年

3月，获评中国民族文化城文化艺术中心"91中国诗坛新星"。

5月，诗歌《我的心是一河星星》获中国民族文化城文化艺术中心中外文学艺术作品大展"优秀作品一等奖"。

8月，出席东北三省作家联谊会，由韩耀旗撰文的《马背上的水手—萨仁图娅第四十三次圆满》作为《多彩多姿的海滨一隅—北戴河东北三省作家联谊会素描》的组篇，载《文坛风景线》。

### 1993年

8月，被辽宁省文学艺术界联合会、辽宁省期刊联谊会评为优秀编辑。

9月，诗集《梦月》由哈尔滨出版社出版，为《远东文库／东北亚诗抄》中的一部作品。

出席在黑龙江省呼兰县（今黑龙江省呼兰区）举办的国际萧红学术研讨会，学术论文《红照伊人情——萧红诗歌的文化意蕴》经研讨会专家委员会评审，入选大会论文。

11月，特·赛因巴雅尔主编的《中国少数民族当代文学史》介绍了萨仁图娅的诗歌，萨仁图娅是唯一一位获得重点介绍的蒙古族女诗人。

### 1994年

1月，被推选为朝阳市第六届政协委员。

11月，传记文学《声贯九州田连元》由春风文艺出版社出版。

**1995年**

2月，由朝阳市人大常委会补选为第八届辽宁省人民代表大会代表。

3月，在辽宁省第八届人民代表大会第三次会议上，被选为辽宁省人民代表大会常务委员会委员、省人大民族侨务外事委员会委员。

4月，文艺评论集《月华文心录》由春风文艺出版社出版，为"辽宁作家理论书系"之一种。

6月，在辽宁省职称评定中，被评定为出版系列的副编审，当时主编文学刊物《作家天地》。

9月，文艺评论集《月华文心录》获辽宁省文学艺术界联合会、辽宁省作家协会等评定的辽宁省文学期刊优秀论文集奖。

**1996年**

11月，任朝阳市文学艺术界联合会副主席、党组成员。

被评定为文学创作二级作家。

12月，到北京出席中国作家协会第五次全国代表大会。

**1997年**

2月，在辽宁省第九届人民代表大会第一次会议上，再次当选辽宁省人民代表大会常务委员会委员、省人大民族侨务外事委员会委员，同时被选为省人大常委会代表资格审查委员会委员。

4月，《萨仁图娅 巴·巴孜尔诗集》（蒙文版）由内蒙古教育出版社出版，哈日夫为领衔译者。

5月，诗集《天地之间》由中国华侨出版社出版。

6月，参加在朝阳举办的"纪念尹湛纳希诞辰160周年学术研讨会"。

7月，诗集《梦月》获由辽宁省作家协会、吉林省作家协会、黑龙江省作家协会联合举办的第三届东北文学奖。

10月，主编《骆驼文丛》，辽宁民族出版社出版。

11月，台湾诗人刘建化依据萨仁图娅诗集《梦月》同题创作的诗集

《梦月心曲》由辽宁民族出版社出版。

12月，报告文学集《印证生命》由辽宁民族出版社出版。

### 1998年

9月，被评定为文学创作一级作家。

10月，出席在吉林省松原市召开的中国蒙古文学学会第二届会员代表大会暨第五次学术研讨会，当选中国蒙古文学学会秘书长。

诗集《梦魂依旧》由辽宁民族出版社出版。

12月，到北京出席中国作家协会第六次全国代表大会。

报告文学集《乡土·乡心·乡官》获国家人口和计划生育委员会（今国家卫生健康委员会）、国家广播电影电视总局（今国家广播电视总局）、中国文学艺术界联合会、中国作家协会、中国人口文化促进会等五部委联合评选的第六届"中国人口文化奖"。

### 1999年

4月，作为中国蒙古文学学会代表团成员访问欧洲。此次出访，是应国际鄂尔多斯文化经济研究协会主席胡日查巴特尔·苏龙格德的邀请，团长为刘成，同行的有苏赫巴鲁等。

7月，《两岸女性诗歌三十家》由台北诗艺文出版社出版，王禄松、文晓村主编，内有《萨仁图娅卷》。

作为中国作家协会大陆诗人代表团成员，出席在台北举办的"两岸女性诗歌学术研讨会"。该团团长为屠岸。在台湾期间，获台湾新诗协会颁赠的"弘扬诗艺"金质奖牌。

8月，任《辽西文学》主编。

9月，任朝阳市文学艺术界联合会主席、党组副书记。

主编的《朝阳文学作品选》由内蒙古科技出版社（内蒙古科学技术出版社）出版。

10月，传记文学《声贯九州田连元》获辽宁省文学艺术界联合会、辽宁省社会科学界联合会、辽宁省文学学会联合评定的"辽宁首届传记文学优秀作品奖"。

诗集《梦魂依旧》获辽宁新诗学会评选的"首届辽宁新诗奖"。

## 2000 年

1月，散文随笔集《保鲜心情》由百花文艺出版社出版，为《五味禁果随笔丛书》之一。该丛书另3位作者为蒋子龙、韩静霆和马来西亚的戴小华。

5月，应美中基金会邀请，作为辽宁省文化代表团成员访问美国，与耶鲁大学教授赵浩生、哈佛大学费正清东亚研究中心裴宜理女士等交流。

6月，在纪念尹湛纳希诞辰163周年之际，尹湛纳希研究会成立，任研究会会长。

9月，在辽宁省作家协会第七次代表大会上，当选主席团委员、作协理事。

## 2001 年

1月，画文集《好心情》由辽宁美术出版社出版。

6月，作为党代表，出席中国共产党朝阳市第七次代表大会。

9月，出席第六届国际诗人笔会（大连实德），并在开幕式上作为诗人代表献诗。

学术论文《潇潇芳心天边红——萧红诗歌艺术解读》获新世纪萧红研究优秀成果奖。

10月，赴澳大利亚悉尼出席第二十一届世界诗人大会，作为诗人代表，用中文朗诵大会主题诗《爱与和平是共同的声音》。

11月，任朝阳市文学艺术界联合会主席、党组书记。

散文随笔集《保鲜心情》获国家人口和计划生育委员会、国家文化部（今国家文化和旅游部）、国家广播电影电视总局、中华全国妇女联合会、中国文学艺术界联合会、中国作家协会、中国人口文化促进会等七部委联合评选的第九届"中国人口文化奖"，到人民大会堂领奖。

12月，同时出席中国文学艺术界联合会第七次代表大会和中国作家协会第六次代表大会。

摄影作品《海那边的婚礼》获辽宁省文学艺术界联合会、辽宁省民族事务委员会联合主办的"辽宁省第三届少数民族美术书法摄影作品奖"。

### 2002 年

1月，被辽宁省人民检察院聘为检察监督员。

4月，中共辽宁省委、辽宁省人民政府召开隆重的命名表彰大会，表彰辽宁省第三批省级优秀专家。萨仁图娅是被表彰的专家之一。

9月，国际炎黄文化研究会第二届龙文化金奖颁奖大会在盘锦举行，萨仁图娅获"龙文化突出贡献奖"。

出席在大连举办的"全国首届传记文学学术研讨会"，其论文被评为优秀论文。

学术论文《潇潇芳心天边红——萧红诗歌解读》获"纪念萧红诞辰九十周年学术研讨会"颁发的萧红研究优秀成果奖。

12月，人物传记《尹湛纳希》由辽宁民族出版社出版。

### 2003 年

2月，在辽宁省第十届人民代表大会第一次会议上，当选辽宁省人民代表大会常务委员会委员、省人大民族侨务外事委员会委员、省人大常委会代表资格审查委员会委员。

3月，被辽宁社会科学院聘为特邀研究员。

6月，被辽宁省高级人民法院聘为执法监督员。

7月，人物传记《尹湛纳希》获辽宁文学奖。

8月，到昆明出席全国第四届少数民族文学创作会议。

9月，被沈阳师范大学聘为兼职教授。

10月，出席中国（金华）第九届国际诗人笔会，到诗坛泰斗艾青故里，与来自世界各地的华人诗人一起，在新落成的艾青公园植树。

出席"诗人兴会在婺城"座谈会。

人物传记《尹湛纳希》获辽宁省文学艺术界联合会、辽宁省社会科学界联合会、辽宁省传记文学学会联合评定的传记文学优秀作品奖荣誉奖。

11月，文艺评论集《丽句为邻》由中国广播电视出版社（今中国广播影视出版社）出版。

再次被辽宁省人民检察院聘为检察监督员。

12月，与刘成共同主持"纪念尹湛纳希诞辰167周年学术研讨会"。会议由中国蒙古文学学会与朝阳市文学艺术界联合会共同举办。

主编的《尹湛纳希百家谈》由中国广播电视出版社出版。

罗庆春编著的"中国星星文库"《萨仁图娅 栗原小荻短诗艺术研究》由重庆出版社出版。

## 2004年

6月，报告文学集《女孩·女孩》由中国广播电视出版社出版。

9月，在青海召开的中国蒙古文学学会第三次会员代表大会上，当选中国蒙古文学学会副会长。

12月，作为辽宁省人大友好代表团成员赴澳大利亚、新西兰访问，团长是丁佳仁。

中英对照版"中外现代诗名家集萃"《萨仁图娅短诗选》由香港银河出版社出版。

文艺评论集《丽句为邻》获辽宁文学理论批评振兴奖。

《女孩·女孩》获国家人口和计划生育委员会、国家文化部、国家广播电影电视总局、中华全国妇女联合会、中国文学艺术界联合会、中国作家协会、中国人口文化促进会等七部委联合评选的第十二届"中国人口文化奖"，到人民大会堂领奖。

白长青主编的《辽宁文学史》对萨仁图娅的诗歌创作进行了重点介绍。

## 2005年

2月，主编的《尹湛纳希研究》由辽宁民族出版社出版。

3月，人物传记《尹湛纳希》获全球华人媒体最佳历史人物传记奖提名。

5月，到云南大理出席第十届国际华人诗人笔会。

6月，主编的《文化朝阳》《视觉朝阳》《魅力朝阳》由哈尔滨出版社出版。

7月，人物传记《尹湛纳希》获第八届中国少数民族文学创作"骏马奖"，这是萨仁图娅第二次获得这项全国文学大奖。

8月，报告文学《台湾媳妇老兵妻》获"雪丹妮全国短篇报告文学"优秀奖。

内蒙古师范大学中国少数民族研究中心主持编辑的评论集《萨仁图娅研究》由中央民族大学出版社出版。

11月，到云南出席第八届中国少数民族文学创作"骏马奖"颁奖大会，领取大奖。

12月，主编的《尹湛纳希纪念文集》由哈尔滨出版社出版。

### 2006年

5月，朱赤撰写的诗报告《月华燕山》由吉林大学出版社出版，讲述萨仁图娅的诗性人生。

7月，出席第十一届广州（黄埔）国际诗人笔会，同时出席了在黄埔港岸边为欢迎瑞典国王、王后及"哥德堡号"仿古船到来而举行的祭海大典，参加"国际诗林"石碑揭幕及留手印仪式，在龙头山国际诗林植下一株标有"萨仁图娅诗歌"的诗树。

11月，出席中国作家协会第七次全国代表大会并担任监票人。

### 2007年

7月，《尹湛纳希全集》蒙文版六卷本作为民族文学工程，在全国首次推出，辽宁民族出版社出版。主任委员为萨仁图娅，副主任委员为李凤山。

编著的《尹湛纳希画册》以蒙、汉、英3种文字推出，由辽宁民族出版社出版。

8月，散文随笔集《幸福八卦》由作家出版社出版。

到青海出席"首届青海湖国际诗会"。

参加《民族文学》组织的"多民族作家采风团"到内蒙古，与玛拉沁夫、席慕蓉相会在草原。

9月，作为中国作家代表团成员，赴塞尔维亚参加第44届贝尔格莱德国际作家聚会，朗诵诗歌，出席"中国文学之夜"。

11月，主持在沈阳举行的"纪念尹湛纳希诞辰170周年研讨会"。会议由辽宁省民族事务委员会、辽宁省文史研究馆、辽宁社会科学院主办，辽宁民族出版社、辽宁蒙古族经济文化促进会、尹湛纳希研究会协办。

到广州参加第八届全国少数民族运动会。

## 2008年

3月，任辽宁新诗学会副会长。

4月，塞尔维亚语诗集《当暮色渐蓝》出版。塞尔维亚科斯托拉茨市图书馆为诗集举行了首发式。中国驻塞使馆文化参赞刘永宏、科斯托拉茨市市长、译者塞尔维亚作家协会外联部主任德拉戈伊罗维奇、该市图书馆馆长以及当地众多诗歌爱好者出席了首发式。

为全国少数民族教育基地——关向应纪念馆揭牌。

5月，当选辽宁蒙古族经济文化促进会会长。

被推选为辽宁中国传统文化研究会专家委员会委员。

8月，人物传记《民族英烈莫德》由辽宁民族出版社出版。

## 2010年

3月，应四川省委宣传部、四川省作家协会之邀，受辽宁省作家协会委派，参加"名家看四川，书写新家园"活动。撰写了报告文学《废墟上矗立起大爱丰碑》，刊发于《鸭绿江》《剑南文学》，后被收入四川文艺出版社出版的《国家行动——十八省援蜀记》。

5月，应辽宁对口援建前线指挥部之邀，赴四川安县参加辽安路竣工剪彩等一系列活动。撰写了《特殊的使命特殊的爱》《因为责任因为爱——辽宁援建人的故事》等报告文学，分别刊发于《辽宁散文》《辽宁传记文学》《剑南文学》。

**2011年**

4月，长篇报告文学《大爱丰碑——辽宁支援安县纪实》被列入《安县精神家园丛书》，由中国戏剧出版社出版。

5月，诗歌体人物传记《天骄——成吉思汗》被列入"中国皇冠诗丛"，由广西美术出版社出版，为国内首部成吉思汗诗传。

11月，与罗小春合著的人物传记《救心救脑大国医》由中医古籍出版社出版。

12月，《风云千年：成吉思汗诗传》由辽宁民族出版社出版。

**2012年**

1月，《走进中国少数民族丛书·蒙古族》由辽宁民族出版社出版。

5月，组织举办"纪念成吉思汗诞辰850周年"系列活动，由辽宁蒙古族经济文化促进会主办，阜新蒙古族自治县承办。人民网对活动进行了重点报道。

报告文学《爱心妈妈》由辽海出版社出版。

6月，《爱心妈妈》获第十四届"中国人口文化奖"。

9月，主编的《中国民间故事导读·古老传说卷》《中国民间故事导读·传奇人物卷》《中国民间故事导读·少数民族卷》由辽海出版社出版。

**2013年**

10月，《中华民族大家庭——五千年民族风情集萃》由辽海出版社出版。

**2014年**

7月，巴义尔著《蒙古写意——当代人物卷四》将萨仁图娅列入艺术篇进行介绍。

8月，到蒙古国中央省访问，中央省议长门德赛汗为萨仁图娅颁发证章，受到省长巴雅尔巴特等会见。

10月，与辽宁省人民对外友好协会领导一同陪同蒙古国中央省议长门德赛汗一行，专程到北票尹湛纳希纪念馆、尹湛纳希文化园、尹湛纳希家庙惠宁寺等地参拜。

12月，《走进中国少数民族丛书·蒙古族》由辽宁民族出版社再版。

### 2015 年

7月，到广西南宁出席第十六届国际诗人笔会，任国际诗人笔会副主席，并被国际华文诗人笔会授予"中国当代诗人突出贡献金奖"，成为第八位获此殊荣的中国诗人。

蒙古国中央省议会授予"议会90年奖章"、苏木荣誉市民。

12月，诗歌《这一朵圣洁之莲》获首届"莲花杯"世界华文诗歌大赛银奖。

### 2016 年

5月，赴蒙古国参加首届中蒙尹湛纳希研讨会，会议由辽宁省人民对外友好协会和蒙古国中央省联合主办。萨仁图娅做主旨报告。

蒙古国中央省授予"最高荣誉奖章"。

9月，《中国诗人》"诗人雕塑"栏目刊载《萨仁图娅卷》。

12月，人物传记《尹湛纳希传》由辽宁民族出版社出版。

《成吉思汗诗传》由辽宁民族出版社出版。

诗歌《以诗的名义为册亨命名》获"册亨杯"世界华文诗歌大赛奖。

### 2017 年

1月，诗歌《洁白的哈达捧手中》获"中山杯"世界华文诗歌大赛银奖。

7月，主编的《尹湛纳希全集》（六卷本）由辽宁民族出版社出版。

10月，主持"纪念尹湛纳希诞辰180周年"活动。该活动由辽宁省民族和宗教事务委员会、辽宁省文化交流协会民族与宗教委员会联合主办，辽宁省蒙古族经济文化促进会承办。

组织"纪念尹湛纳希诞辰180周年暨第二届中蒙尹湛纳希研讨会",并在会上作学术总结。会议由辽宁省人民对外友好协会和蒙古国驻华大使馆共同主办。

11月,入选中国新诗百年全球华语诗人评选的"中国新诗百年百位最具实力诗人"。

笔者著《当代辽西的文学世界》出版,将萨仁图娅列为专章进行评介。

12月,与呼格吉乐图共同主编的《大型蒙古族典藏系列》(九卷本,三种文字)由辽宁民族出版社出版。包括《蒙古族服饰》《蒙古族传统铁艺》《蒙古族瓷器》《蒙古族泥塑》《蒙古族马具》《蒙古族纹饰》《蒙古族皮艺》《蒙古族刺绣》《蒙古族游牧人的物质文化》,是国家少数民族文字出版基金和"十三五"国家重点图书出版规划项目。

### 2018年

6月,诗歌《仰望圣贤千古光》获云岩"阳明文化杯"世界华文诗歌大赛金奖。

7月,著作《大美中华——56个民族概览》《大美中华——民俗风情导读》《大美中华——传统节日集锦》由辽海出版社出版。

9月,主编的六卷本《尹湛纳希全集》由辽宁民族出版社再版。

### 2019年

8月,《蒙古族非母语创作研究》作为"蒙古文库"图书,由辽宁民族出版社出版。

10月,到河北唐山出席第十九届国际华文诗人笔会,担任大会助理执行主席。

### 2020年

5月,中国诗歌万里行新媒体平台推介萨仁图娅中英文诗歌6首。

《名家典藏》发表萨仁图娅诗歌作品。

8月,诗歌《前海前海,我梦幻的诗意情怀》获"前海十周年原创诗文作品征集"奖。

### 2021年

5月,《延安·延河·宝塔山》(组诗10首)获金延安杯"百年辉煌·回望延安"活动一等奖。本次活动由延安市文化和旅游局、陕西旅游集团延安公司、延安市作家协会、延安大学文学院、《作家报》、西北大学丝绸之路国际诗歌研究中心共同举办。

11月,组织第三届中蒙尹湛纳希研讨会,会议由辽宁省人民对外友好协会和蒙古国驻华大使馆共同主办。

12月,主编的七卷本《尹湛纳希全集》由辽宁民族出版社出版。

《成吉思汗诗传》获第三届丝绸之路国际诗歌奖,赴西安参加颁奖会。此次评选由北京师范大学中国当代新诗研究中心作为学术指导单位,由西北大学外国语学院、西北大学丝绸之路国际诗歌研究中心、丝绸之路国际诗人联合会、丝绸之路国际诗歌艺术节组委会、终南·景庄唐代园林庭园主办。

### 2022年

3月,获第八届墨西哥国际诗歌节"优秀诗人奖"。

4月,北京外国语大学在世界读书日向全球隆重推介多语种诗集《落霞重重——7位中华民族女诗人的诗歌》与《疾风中的虹霓——中墨少数民族女诗人诗歌互译集》。诗集作为中墨建交50周年的献礼,由吉狄马加、石一宁主编,广西师范大学出版社和《民族文学》杂志社等出版,收录了萨仁图娅等7位中国少数民族女诗人和7位墨西哥原住民族女诗人的作品。

《侨园》杂志以封面人物和专题形式介绍萨仁图娅,题为《萨仁图娅:诗意生命与民族精魂的歌者》。

6月,获"保护自己 保卫城市——同心战疫,迎接春天"主题征文诗歌奖。评奖由沈阳广播电视台、《芒种》杂志社、《诗潮》杂志社共同举办。

8月,出席第22届(红豆)国际华文诗人笔会,代表组委会宣读颁奖词。

《妇女》杂志以封面人物和专题形式介绍萨仁图娅，题为《不倦的歌者 奔驰的诗意——中国文学"骏马奖"两次获得者萨仁图娅的精彩人生》。

《诗殿堂》是美国华人诗学会主办的汉英双语纸质诗刊，以封面人物的形式向世界诗歌界推介萨仁图娅，刊载了萨仁图娅9首诗歌，中英双语形式，同时刊发了笔者的评论《诗意生命与民族精魂的歌者——从文化视角解读萨仁图娅及其诗性文本》。

12月，胡海迪主编的《鱼跃鸢飞 2020—2021辽宁文学创作面面观》出版，其中收录了关于萨仁图娅的诗歌述评。

## 2023年

2月，诗集《雷锋！雷锋！》由辽宁教育电子音像出版社出版。

获诗歌春晚"2022年度华语诗歌传播贡献奖"。

去喀左县出席那达慕大会，在文化旅游研讨会上作主旨发言，并为两个文化传承基地颁发牌匾。

3月，《雷锋！雷锋！》新书进校园，到抚顺市雷锋小学与读者交流。

《雷锋！雷锋！》新书进社区，到沈阳市皇姑区牡丹社区与读者交流。

接受湖南广播电视台与辽宁广播电视台"乡"约雷锋的联合采访。

《辽河》杂志刊发笔者撰写的《为诗意生命与民族精魂而歌——萨仁图娅简论》。

《民族文学》头条刊发《游牧时光河》（组诗7首）。

北京塞万提斯学院举办《中墨少数民族女诗人诗歌互译集》分享会，萨仁图娅诗歌在列。

4月，参加由沈阳市文学艺术联合会、沈阳出版社主办，沈阳市作家协会、《诗潮》杂志社承办的"群雁高飞"沈阳女诗人现象研讨会。出席的嘉宾有中国作家协会创研部主任、著名评论家、诗人何向阳，著名评论家、上海交通大学当代中国文学与文化研究中心主任何言宏，著名青年评论家、福建师范大学现代汉诗研究中心主任陈培浩等。萨仁图娅与林雪代表女诗人致答谢词。

萨仁图娅作为主要嘉宾，出席辽宁省第十二届全民读书节活动启动仪式，接受著名主持人管旭、张明采访，谈《雷锋！雷锋！》的创作体会。

出席辽宁省第十二届全民读书节校园读书节启动仪式。在启动仪式上，《雷锋！雷锋！》被列为重点推介图书，萨仁图娅与师生进行了交流。

5月，《中文学刊》第2期、第3期连续刊载章闻哲对萨仁图娅的访谈录《民族性是诗歌走向世界的基础——民族文化使者萨仁图娅访谈录》。该刊是人文社科国际交流期刊，由庄伟杰博士主编。

《雷锋！雷锋！》新书进校园，走进辽阳市弓长岭区雷锋小学。在活动现场，萨仁图娅就如何传承雷锋精神及新书创作过程与孩子们进行了交流，并签名赠书。

6月，《五洲华人诗刊》推出《萨仁图娅专辑》，该专辑包括15首诗歌、4篇评论文章。

7月，第六届"十佳当代诗人（含十佳当代潜力诗人）"评选揭晓，萨仁图娅荣获十佳当代诗人首位。该评选由西南大学中国新诗研究所、西南大学中国诗学研究中心、《绿风》诗刊编辑部、《诗林》编辑部、《当代诗人》杂志社共同主办。

《雷锋！雷锋！》入选辽宁省2023年"绿书签行动"主题图书推荐书目。

8月，《2022年中国新诗排行榜》出版，萨仁图娅《国家的孩子》入选。该书由北京师范大学文学院教授、北京师范大学中国当代新诗研究中心主任、著名诗评家谭五昌主编。

9月，辽宁省第十二届全民读书节阅读盛典活动在辽宁大学举行，为评选出的"四佳"人物颁奖。萨仁图娅位列最佳写书人首位，现场接受辽宁广播电视台记者采访。

**（附录部分内容参考了《萨仁图娅研究专集》和《月华燕山》）**

# 后　记

　　酝酿与准备多年，又经过多日笔耕，这部《诗意生命与民族精魂的歌者——萨仁图娅研究》终于完稿，即将交付出版。此时的心情无比复杂，有欣慰，有惶恐，有感动。

　　欣慰之一，是终于实现了一份多年怀有的愿望。与萨仁图娅先生相识多年，她的文学创作成就、学术成就和人格风范之于我，可谓高山仰止，景行行止。因为感佩，我也一直在坚持阅读、研究她的作品和研究成果，关注她的人生轨迹和创作以及学术之路的变迁，并陆续撰写、发表了多篇关于萨仁图娅的学术论文和评论文章。在此期间，一直想完成一部关于萨仁图娅的研究专著。今日，得偿凤愿，甚感欣慰。

　　欣慰之二。多年来，我致力于深入挖掘辽宁文化的价值，研究与推介具有符号意义的辽宁作家、学者、艺术家，已先后发表了100多篇文章，完成了10部专著。这部关于萨仁图娅研究的专著的出版，意味着此项工作取得了新的进展。萨仁图娅是辽宁当代作家领军人物之一，是具有国际影响力的中国少数民族女诗人，是为民族文化和地域文化发展及国际文化交流做出特殊贡献的学者、文化形象大使。从一定意义上说，推介萨仁图娅，就是在推介辽宁文化的特色与精华；研究与挖掘萨仁图娅的价值，也是在挖掘和张扬辽宁文化的价值。

惶恐之处，在于系统地研究萨仁图娅是具有一定难度的，以我的能力、学识，撰写这样一部专著定有不足、不当、疏漏之处。萨仁图娅的创作和学术研究所涉领域是非常广泛的，包括诗歌、报告文学、传记文学、随笔、文艺评论、诗歌理论、民族文化研究、民族文学研究等。我深知，自己所能看到的萨仁图娅的文学世界与学术世界，绝不会是全部。萨仁图娅的精神世界是无比丰富的，所达到的思想境界是深邃且高远的，要想准确地理解和把握，并做出精准的评价和阐释是非常困难的。在研究与写作中，虽倾注全力，几经修改，但仍然难以达到理想程度。

感动之处，主要在于众多老师、同道对于学术研究和文化传播的满腔热忱和倾力支持，在此表示诚挚感谢！

感谢萨仁图娅先生！她为我进行相关研究、撰写专著提供了大量宝贵资料，提出了很多宝贵建议。

感谢95岁的文化大先生、著名学者彭定安欣然作序！先生在通读书稿之后，还提出了多条修改意见，提携后辈之深情，助推文化发展之责任感尽显其中，令人动容。

感谢辽宁社会科学院文学研究所原所长白长青先生！他当年引领我进入地方文学与地域文化研究领域，后又多有指导，使我打下了研究基础。

感谢辽宁社会科学院文学研究所原所长、美术研究中心原主任程义伟先生！他在我近年的学术研究中提供了很多无私的帮助。在本书的写作过程中，他帮助策划选题，提供思路，使我能够顺利地完成写作。

感谢研究萨仁图娅的专家、学者们！书中引用了他们的一些论述，参考或采用了他们的某些观点。

感谢辽宁社会科学院为我提供了良好的研究环境！辽宁社会科学院将此项目确定为2023年度重点课题。感谢辽宁社会科学院文学文化学研究所同事们的帮助与支持！

感谢沈阳出版社综合编辑部主任沈晓辉的大力支持！这是我与沈主任的第二次合作。她的敬业精神、责任意识、编辑水平，均令我钦佩不已。

叶立群

2023年5月